GÉOGRAPHIE MILITAIRE

DE LA

SUISSE

PAR

H. BOLLINGER, Colonel,
Instructeur de district de la VIe division.

Traduit de la 2me édition allemande

PAR

W. DE CROUSAZ, Colonel,
Instructeur de la IIe division.

PRIX : 2 fr. 50

LAUSANNE
B. BENDA, Libraire-éditeur,
3, Rue Centrale, 3.

1884

GÉOGRAPHIE MILITAIRE

DE LA

SUISSE

PAR

H. BOLLINGER, Colonel,
Instructeur de district de la VIe division.

Traduit de la 2me édition allemande

PAR

W. DE CROUSAZ, Colonel,
Instructeur de la IIe division.

LAUSANNE
B. BENDA, Libraire-éditeur,
3, Rue Centrale, 3.

1884

TABLE DES MATIÈRES

Lausanne. — Imprimerie Adrien Borgeaud.

PRÉFACE

Cet opuscule n'a pas la prétention de servir de guide à l'officier supérieur, c'est à l'officier subalterne et aux sous-officiers qu'il s'adresse ; son but est de servir à l'enseignement de la géographie dans les écoles d'aspirants-officiers.

Les connaissances en géographie, même dans la partie instruite de notre population, sont souvent insuffisantes et comme, à part quelques livres d'école traitant ce sujet, il n'existe rien qui s'adresse plus spécialement au lecteur militaire, j'ai cru combler une lacune en publiant ce petit livre.

Les cours de mon vénéré maître, M. le colonel Siegfried, m'ont été d'un puissant secours pour ce travail ; en outre, j'ai puisé dans les ouvrages de :

H. Siegfried, les Frontières suisses ;

J. Siegfried, Orographie et hydrographie de la Suisse ;

S. Bavier, les Communications en Suisse ;

Pollatschek, Géographie militaire de la Suisse;
Haymerle, les Conditions stratégiques des frontières suisses;

et enfin j'ai utilisé de nombreuses indications qui m'ont été fournies par les autorités cantonales et par des camarades de l'armée auxquels j'exprime ici mes sincères remerciements.

Zurich, avril 1881.

L'Auteur.

PRÉFACE DE LA SECONDE ÉDITION

L'accueil favorable que ma Géographie militaire de la Suisse a trouvé auprès de mes camarades de l'armée, et le fait qu'elle a été employée dans les écoles d'aspirants-officiers et les écoles centrales m'ont engagé à faire paraître une seconde édition.

J'ai profité de cette occasion pour compléter ma première édition, surtout en ce qui concerne le VIme chapitre ; il était en outre nécessaire de modifier quelques points et de corriger quelques erreurs. Messieurs Burnier, colonel du génie ; Zollikofer, colonel divisionnaire ; Walther, colonel à l'état-major ; Frey, L^s^, colonel du génie ; Weber, capitaine à l'état-major, m'ont fourni de précieux renseignements.

Cette seconde édition acquiert plus de valeur par le fait que M. le colonel Lochmann, chef du bureau topographique fédéral, a bien voulu la soumettre à l'examen et à la rectification de MM. les ingénieurs-topographes Held, Imfeld, Becker, Fahrländer, Reber, Lindenmann, Haller et Leuenberger. J'exprime ici à tous ces Messieurs mes meilleurs remerciements pour la complaisance avec laquelle ils se sont astreints à ce travail.

Zurich, avril 1884.

H. Bollinger, Colonel.

A. Les Frontières politiques.

La Suisse a pour *limites*, et ce fait est remarquable, dans ses *quatre* côtés : Ouest, Sud, Est et Nord, quatre pays différents qui forment ses frontières

La frontière Ouest s'étend de la hauteur de *Pfetterhausen* jusqu'à l'endroit où le *Rhône* quitte le territoire suisse, et de ce point au *Mont Dolent* en Valais ; c'est la frontière *franco-suisse ;*

la frontière Sud ou *italo-suisse* va du *Mont Dolent* au *col du Stelvio ;*

la frontière Est ou *austro-suisse* commence au *col du Stelvio* pour finir à l'entrée du Rhin dans le *lac de Constance* ;

la frontière Nord s'étend depuis *Rheineck* à la hauteur de *Pfetterhausen ;* elle sépare l'*Allemagne* du *Sud de la Suisse.*

a) La frontière Ouest.

Cette frontière se divise en deux parties : *la première* s'étend depuis le saillant du pays de

Porrentruy (hauteur de Pfetterhausen) jusqu'au Rhône en aval de Genève ; elle a été déterminée par le traité de Paris du 20 novembre 1815, qui a rétabli les frontières ainsi qu'elles existaient le 1er janvier 1790. Cette frontière n'a été modifiée que dans le canton de Genève et le 8 décembre 1862 dans la vallée des Dappes.

Dans le *canton de Berne* la ligne frontière commence sur la hauteur située au Nord de Bonfol ; elle suit la direction ouest jusqu'à une demi lieue aprés Boncourt; tournant alors vers le Sud, elle traverse le plateau de l'Ajoie et s'élève près de Damvant sur la dernière chaîne du Jura dont elle accompagne la crête. A Brémoncourt elle descend dans la vallée du Doubs pour reprendre bientôt après la direction Sud-Ouest, traversant la hauteur des Epiquerez et retombant dans la vallée du Doubs dont elle suit la rive droite jusqu'à la frontière *neuchâteloise.*

A cette place la frontière se trouve au milieu du Doubs qu'elle remonte jusqu'au lac des Brenets, ou plus exactement jusqu'à l'embouchure de la Rançonière ; elle suit ce petit ruisseau jusqu'au Col des Roches et s'élève sur la chaîne de montagnes qui sépare les vallées de la Brévine et du Doubs. De là elle se dirige sur Pontarlier, mais à environ 7 kilomètres avant cette localité elle traverse la chaîne du Larmont et la vallée de Verrières pour atteindre sur le plateau de Ste-Croix (près les Bourquins) la frontière *vaudoise*.

Se dirigeant toujours vers le Sud elle traverse la Jougnenaz, s'élève sur le versant Ouest du Mont Suchet, traverse la vallée de Jougne et monte sur la crête du Risoux qu'elle suit jusqu'à la partie supérieure de la vallée de Joux. Tournant alors à angle droit, elle traverse le fond de la vallée, dont elle accompagne le côté Est en longeant le pied du Noirmont jusqu'au point de jonction de la route Nyon-St-Cergues et de celle de la vallée des Dappes. Pendant 6 kilom. elle suit à une distance de 150 mètres environ la route, actuellement française, de la vallée des Dappes ; elle la quitte pour passer la chaîne de la Dôle ; arrivée dans la plaine elle descend le cours de la Versoix jusqu'à la frontière genevoise (Chavannes des Bois). Contournant par une ligne polygonale la hauteur de Satigny, elle rejoint le Rhône dont elle occupe le milieu jusqu'à environ 6 kilom. en aval de Chancy.

La *seconde partie* de cette frontière, anciennement *frontière Sarde*, va de Chancy au Mont Dolent, canton du Valais. Cette ligne traverse la vallée du Rhône dans la direction Est, touche le pied du Salève, passe l'Arve à Sierne pour atteindre le lac Léman à Hermance; le *milieu du lac* forme frontière entre la Suisse et la France.

La frontière revient à la rive gauche du lac à

St-Gingolph, en *Valais;* elle remonte la Morge et traverse dans la direction Sud-Est la chaîne de montagnes qui se trouve entre la vallée du Rhône et le bassin de la Dranse et de l'Arve. Toutefois la ligne de partage des eaux n'a pas été prise comme frontière naturelle. Ainsi la vallée de Valorcine sur le versant valaisan est coupée par la ligne frontière de telle sorte que sa partie supérieure a été attribuée au territoire savoisien.

b) La frontière Sud.

En *Valais* la frontière se dirige à l'Est dès le Mont Dolent au Mont Rose ; de ce mont elle tourne vers le Nord-Est pour aboutir au Gries-horn. Entre le Mont Dolent et le Mont Rose elle sépare le lit supérieur du Rhône du bassin de la Dora baltea, et ensuite du Mont Rose au Gries-horn, elle sépare le Rhône de la Tosa. Sur tout ce parcours c'est la ligne de partage des eaux, marquée par la crête des Alpes et les différents passages de montagne, qui forme une frontière naturelle, sans aucune borne frontière. La vraie frontière ne s'écarte de la ligne de partage des eaux qu'au Simplon, en se portant sur le versant sud ; dès le Portjengrat dans la vallée de Saas, la ligne de partage des eaux passe par le Fletsch-horn, le Faulhorn, le Simplon et le Monte Leone, tandis que la ligne frontière se dirige dès le Portjengrat vers le Nord-Est, pour donner à la Suisse les vallées de Zwischenbergen (Gondo-Ruden), Laquin (Algaby), Simplon et les gorges de Gondo sur la route du Simplon. Au Monte Leone cette ligne frontière se réunit de nouveau à la ligne qui sépare les eaux du Rhône de celles de la Tosa.

Au Grieshorn commence la frontière *tessinoise*. Elle suit encore jusqu'au col de San Giacomo (5 kilom. environ) la direction Est et tourne ensuite au Sud pour former le grand saillant dans lequel sont situés le Tessin et la vallée de Misocco. La frontière suit jusqu'au Sonnenhorn la ligne de partage des eaux de la Tosa et de la Maggia, puis, traversant le Val Onsernone et le Val Centovalli, elle s'élève sur le Mont Ghiridone d'où elle repart à angle droit pour atteindre la rive droite du lac Majeur. De la rive gauche de ce lac, la frontière, retrouvant les anciennes limites du duché de Milan et des bailliages de Locarno, de Lugano et de Mendrisio, s'élève sur le Mont Tamaro et atteint avec l'un de ses contreforts la Tresa, rivière qui met en communication le lac de Lugano avec le lac Majeur. La différence de niveau entre ces deux lacs est de 74^{m}.

La partie inférieure du cours de la Tresa, ainsi que toute sa rive gauche, appartient à l'Italie. Au Sud du lac de Lugano se trouve le Mendrisiotto qui forme l'extrémité Sud de la Suisse. La frontière prend la direction Nord-Est pour gravir les pentes Ouest du Monte Generoso; elle revient ensuite au bras Est du lac de Lugano, pour s'élever de nouveau au-delà du ravin du Val Orocco sur la chaîne de montagne qui sépare le Val Solda de la Valle di Colla; elle suit cette chaîne jusqu'au col du Jorio, où elle rencontre la frontière *grisonne.*

Depuis le col du Jorio la frontière se dirige au Nord jusqu'au Piz Tambo, en suivant la ligne de partage des eaux qui sépare le Misocco du territoire de Chiavenna et du Val Giacomo. La communication entre les vallées qui se trouvent des deux côtés de la frontière ne peut se faire que par des sentiers ou des chemins à mulets très difficiles.

En passant par la dépression du passage du Splügen la frontière s'élève sur les monts Suretta, puis se dirigeant vers le Piz Timun, elle redescend jusqu'au Rhin d'Avers et suit dans la direction Sud une arrête de montagne, qui se termine à la Cima del Lago; le Val di Lei, appartenant au bassin du Rhin, reste territoire italien.

Reprenant la ligne de partage des eaux entre le Rhin et l'Adda, la frontière traverse près de Castasegna le Val Bregaglia, dont la partie supérieure seulement appartient à la Suisse; elle s'élève ensuite sur le sommet de la chaîne de la

Bernina, la suit jusqu'au Piz Palü et fait brusquement un crochet vers le Sud pour enfermer le district de Poschiavo, qui appartient au bassin de l'Adda. Se dirigeant de nouveau vers le Nord, elle traverse la ligne de partage des eaux de l'Adda en laissant du côté italien le Val Livigno dont les eaux se réunissent au Spöl, affluent de l'Inn. Dans sa dernière partie, la frontière suit la ligne de faîte entre l'Adda et l'Adige et passe le col de Worms pour aboutir au col du Stelvio.

c) La frontière Est.

Le Thalweg (ligne du fil d'eau) du Rhin depuis Rheineck jusqu'au Fläscherberg forme la frontière entre le canton de *St-Gall* et le *Vorarlberg* (la principauté de Lichtenstein y compris). Vis-à-vis de Sargans elle quitte le Rhin pour suivre la haute montagne ; elle entoure le Fläscherberg et le Luziensteig, s'élève sur le Falkniss jusqu'au mont Silvretta et suit la chaîne principale du Rhätikon. Aucun traité ni aucune borne ne fixe en cet endroit la frontière d'une façon bien précise. Dès le Silvretta elle se porte à l'Est jusqu'au Futschöl, montagne qui sépare les Grisons du Tyrol, contourne l'alpage grison du Fimber, se dirige jusqu'au mont Gribelle et quitte la crête de la montagne pour traverser la vallée de l'Inn. La frontière atteint d'abord le ruisseau du Schergen, le longe jusqu'à l'Inn, remonte la rive droite de cette rivière jusqu'à Finstermünz et prend par le milieu de ce cours d'eau pour arriver à Martinsbrük. Depuis ce point elle s'élève sur le Piz Lat et suit la montagne qui sépare les sources de l'Adige du Val d'Uino et du Val da Scarl, passant par le col da Scarl jusqu'à la cime d'Urtiola ; de là elle descend dans la vallée du Munster, traverse le ruisseau du Ram entre Taufers et Munster et s'élève de nouveau sur le Piz Ciavalatsch. De cet endroit jusqu'au col du Stelvio la frontière suit la ligne de partage des eaux.

d) La frontière Nord.

Une ligne prenant par le milieu du *lac de Constance* et se continuant plus loin par le Rhin forme la frontière entre l'*Allemagne* et la Suisse; toutefois cette ligne frontière laisse sur la rive allemande les territoires suisses de Stein, Schaffhouse, Eglisau et Bâle et d'autre part, sur la rive suisse, le territoire badois de Constance. A Bâle la frontière se sépare de la ligne du Rhin et se dirige sur Pfetterhausen.

Les cantons dont la frontière est formée par le lac de Constance et le Rhin sont : *Thurgovie* (jusqu'à l'ancien couvent de Paradis), *Zurich* (jusqu'à Kaiserstuhl), *Argovie* (jusqu'à Basel-augst) et *Bâle-Campagne* (jusqu'à Birsfelden).

Le territoire de la ville de *Constance*, fort petit, est limité par un ancien fossé de fortification qui aboutit d'un côté au lac, près de la station du chemin de fer, et de l'autre côté au Rhin.

L'enclave de *Stein* comprend les deux versants de la vallée de la Biber dans sa partie inférieure avec les villages de Hemmishofen, Ramsen et Buch.

La vallée du Klettgau et la montagne du Randen constituent la partie principale du canton de *Schaffhouse*. Le Randen est formé par une succession de plateaux, séparés les uns des autres par des vallées profondément encaissées et convergeant toutes vers la capitale. Le versant Nord-Ouest du Randen finit dans la vallée de la Wutach et le versant Sud-Est au Rhin.

Dans cette contrée la frontière, très irrégulière, ne suit que rarement des lignes naturelles. On trouve dans cette partie du territoire suisse la petite enclave badoise de *Büsingen*, située aux bords du Rhin et limitée au Sud par le canton de Thurgovie.

L'enclave d'*Eglisau* se compose :

1° Du Buchberg, situé dans le coude du Rhin, avec les villages schaffhousois de Rüdlingen et de Buchberg.

2 De la grande plaine du Rafzerfeld avec les pentes qui la limitent à l'Ouest et au pied des-

quelles se trouvent les quatre villages zurichois de Rafz, Wyl, Hüntwangan et Wasterkingen.

Le petit territoire *bâlois* sur la rive droite du Rhin comprend la partie inférieure de la vallée de la Wiese, ainsi que le sommet et le versant Ouest du mont Crischona. Outre le petit Bâle il s'y trouve encore les villages du petit Hüningue et de Riehen.

La frontière passe au milieu du Rhin, sur la Schusterinsel, remonte un peu le fleuve, le quitte à la hauteur de Burgfelden et continue par une ligne polygonale qui traverse la plaine du Rhin et la montagne du Blauen, jusque dans la vallée de la Lucelle, où elle rejoint la frontière *bernoise ;* de là elle se dirige vers le point où se réunissent les frontières de France, d'Allemagne et de Suisse à l'Ouest de Pfetterhausen et au Nord de Bonfol.

B. Superficie et population de la Suisse.

La surface de la Suisse est de 41,396 kil.², dont 71,61 % sont des terrains productifs, savoir :

Forêts	7714,2 *km²*
Vignes.	305,0 *km²*
Champs, jardins, pâturages .	21618,3 *km²*

Il reste 28,39 % de terrains improductifs qui se répartissent comme suit :

Glaciers.	1838,8 *km²*
Lacs	1386,1 *km²*
Villes, villages, maisons isolées	161,8 *km²*
Chemins, cours d'eau, rochers, éboulis	8365,6 *km²*

D'après le recensement de 1880, la Suisse a une population de 2,820,365 âmes qui occupent 2,180,660 locaux dans 400,062 maisons ; le nombre des ménages est de 607,456.

Le détail pour les cantons se trouve dans les tableaux ci-après :

Tableau de la superficie des Cantons.

CANTONS	Superficie. km^2	Terrain productif. km^2	Terrain improductif. km^2
		%	%
Zurich	1732	93,70	6,30
Berne	6889	78,18	21,82
Lucerne	1501	91,22	8,78
Uri	1076	44,40	55,60
Schwyz	908	72,67	27,33
Unterwald-le-Haut	475	84,12	15,88
Unterwald-le-Bas	290	75,01	24,99
Glaris	691	64,90	35,10
Zoug	239	81,23	18,77
Fribourg	1669	88,05	11,95
Soleure	783	91,60	8,40
Bâle-Ville	36	84,92	15.08
Bâle-Campagne	422	96,20	3,80
Schaffhouse	294	95,51	4,49
Appenzell Rhodes-Extér.	261	97,31	2,69
Appenzell Rhodes-Intér.	159	90,82	9,18
St-Gall	2019	84,87	15,13
Grisons	7185	53,61	46,39
Argovie	1404	95,56	4,44
Thurgovie	988	84,57	15,43
Tessin	2818	66,70	33,30
Vaud	3223	84,67	15,33
Valais	5247	45,93	54,07
Neuchâtel	808	70,85	29,15
Genève	279	83,36	16,64
Total	41396	71,61	28,39

Tableau de la population des cantons.

CANTONS	Population.	Maisons habitées.	Locaux habités	Ménages.	Chefs-lieux des cantons et leur population.	
Zurich	313825	43415	259150	68732	Zurich * . .	25102
Berne . . .	528044	69499	347471	107491	Berne . . .	44087
Lucerne	138937	16299	111290	26891	Lucerne . .	17850
Uri	23588	2752	17511	4130	Altorf . . .	2901
Schwytz	50923	6857	44193	10660	Schwyz . .	6543
Unterwald-le-Haut	15256	2520	14808	3449	Sarnen . . .	4039
Unterwald-le-Bas .	11872	1669	12075	2921	Stanz . . .	2210
Glaris	34031	5982	32775	8330	Glaris ** . .	5330
Zoug	22757	2921	20605	4634	Zoug . . .	4924
Fribourg	114384	18671	65409	22792	Fribourg . .	11546
Soleure	79843	11077	54446	16825	Soleure . .	7668
Bâle-Ville . . .	63810	5318	50877	13516	Bâle . . .	61399
Bâle-Campagne .	58911	7016	33823	11444	Liestal . . .	4679
Schaffhouse . . .	38096	5356	30434	8789	Schaffhouse .	11795
Appenzell Rh.-Ext.	51588	7823	51030	12392	Hérisau . .	11082
Appenzell Rh.-Int.	12791	2076	12847	3144	Appenzell .	4302
St-Gall	208657	32704	197489	46123	St-Gall . .	21438
Grisons	93014	17389	88846	21768	Coire . . .	8889
Argovie	197534	27983	148950	41597	Aarau . . .	5944
Thurgovie . . .	98721	17841	111526	21767	Frauenfeld .	3422
Tessin	129116	24240	139576	28884	Bellinzone .	2436
Vaud	234063	36125	157625	53121	Lausanne . .	30179
Valais	99413	15399	44956	21624	Sion . . .	4871
Neuchâtel . . .	102040	10103	63597	21278	Neuchâtel .	15612
Genève	99151	9027	69651	25454	Genève . . .	50043
Total . .	2820365	400062	2180660	607456		

* Y compris 9 communes suburbaines : 75015 habitants.

** La vallée de Klön y comprise.

C. Le régime des eaux.

La Suisse est divisée en quatre bassins fluviaux :

1. Le bassin du **Rhin** auquel appartiennent les cours d'eau venant du versant Nord des Alpes;
2. Le bassin du **Rhône** qui contient ceux venant du versant Sud-Ouest;
3. Les bassins de l'**Adige** et du **Pô** qui réunissent les cours d'eau du versant sud;
4. Le bassin du **Danube** qui reçoit ceux du versant Nord-Est.

I. *Le bassin du Rhin.*

Le **Rhin** est formé par la réunion de deux cours d'eau principaux : le *Rhin antérieur* et le *Rhin postérieur*.

Le **Rhin antérieur** vient du *Mont Badus* et reçoit sur sa rive droite à *Dissentis* le Rhin de **Medels,** à *Ilanz* le **Glenner** et deux lieues plus bas la **Rabiusa**; de nombreux torrents se déversent sur sa rive gauche.

Le **Rhin postérieur** vient de l'*Adoula* (Rheinwalhorn ou Piz Valrhein) traverse les vallées de *Schams* et de *Domleschg*, reçoit en amont d'*Andeer* le **Rhin d'Avers,** en aval de *Thousis* l'**Albula** et se réunit au Rhin antérieur à *Reichenau*. L'Albula elle-même, avant sa réunion au Rhin postérieur, recueille le **Landwasser de Davos** et le **Rhin de Obershalbstein.**

Le Rhin se fraie un passage accidenté et tortueux à travers les hautes montagnes ; sa vallée n'a qu'une largeur d'environ 1 ½—3 kilom. et son cours est ordinairement endigué.

En quittant les Alpes grisonnes la vallée devient plus large, elle est souvent marécageuse et le Rhin se jette dans le **lac de Constance** qu'il quitte près de la ville de ce nom. Peu après sa sortie du lac il s'élargit de nouveau pour former le **Untersee** (lac inférieur) et ce n'est qu'à *Stein* qu'il est de nouveau resserré dans un lit régulier.

En aval de *Schaffhouse* il fait un coude brusque vers le Sud et reprend sa direction Ouest après l'embouchure de la **Töss**; en quitant la ville de *Bâle* il se dirige vers le Nord et quitte tout à fait le territoire suisse.

Longueur du cours du Rhin:

de Reichenau à Trübbach . .	environ	35	*km.*
de Trübbach au lac de Constance	»	62	»
depuis son embouchure dans le lac à Constance	»	35	»

de Constance à Stein	environ	25,5 *km*.
de Stein à Schaffhouse . . .	»	18,5 »
de Schaffhouse à l'embouchure de la Töss	»	26 »
de la Töss à l'embouchure de l'Aar	»	30 »
de l'Aar à Bâle	»	62 »

Largeur du Rhin :

entre Reichenau et Trübbach . .	80—120 *m*.
de Trübbach au lac de Constance .	120—160 »
largeur du lac (entre Friedrichshafen et Romanshorn).	11 *km*.
largeur du Untersee (à Berlingen) .	5 »
entre Stein et l'Aar	80—160 *m*.
entre l'Aar et Bâle (à Laufenbourg. 65 *m*., à Gwild, 400 *m*.)	150—220 »

Profondeur du Rhin (à une hauteur normale des eaux) :

de Reichenau au lac de Constance . .	2,5—3 *m*.
(places moins profondes à Bendern) .	2,3 »
près d'Altenrhein	3—6 »
lac de Constance (plus grande profond.)	254 »
entre Stein et Schaffhouse	3—4 »
(places moins profondes à Hemmishofen)	1,5 »
entre Schaffhouse et Bâle.	5—7,5 »

Vitesse du courant (à une hauteur normale des eaux) :

de Reichenau au lac de Constance	1—4 *m*. p. sec.
de Stein à Bâle	1—2,9 » »

Navigabilité du Rhin :

Le Rhin est *flottable* dès Reichenau sur tout son parcours, en exceptant l'espace compris entre Schaffhouse et les chutes du Rhin et les rapides de Laufenbourg.

La navigation sur le Rhin ne se fait qu'au moyen de petits bateaux, du reste peu nombreux, et servant essentiellement aux pêcheurs. Le lac de Constance par contre est sillonné par un grand nombre de bateaux.

Outre beaucoup de bateaux à voiles, on y trouve 26 bateaux à vapeur dont 6 appartiennent à des sociétés suisses ; le Untersee (lac inférieur) et le Rhin, jusqu'à Schaffhouse, sont desservis par 2 petits vapeurs.

Deux bacs à vapeur de la force de 200 chevaux chacun et pouvant transporter de 14 à 16 wagons de chemin de fer, réunissent, l'un Friedrichshafen et Romanshorn, l'autre Lindau et Romanshorn. Le chemin de fer du Nord-Est suisse possède, de moitié avec le Wurtemberg et la Bavière, ces deux bacs.

Depuis l'achèvement du chemin de fer de l'Arlberg on projette la construction de deux nouveaux bacs à vapeur, l'un pour le trajet Bregenz-Romanshorn, l'autre pour la route Bregenz-Constance.

Les ports de la rive gauche du lac sont Rorschach, Arbon, Romanshorn et Constance, et les places de débarquement de l'Untersee et du Rhin : Ermatingen, Mannenbach, Berlingen, Steckborn, Mammern, Stein, Diessenhofen et Schaffhouse.

Moyens de passage.

a) *Sur le Rhin antérieur et sur ses affluents :*

à *Dissentis*, *Truns*, *Ilanz* et *Reichenau*, des ponts en bois ;

sur la route de *Luckmanier*, quatre ponts voûtés ;

sur le ruisseau de *Rusein*, un pont en bois ;

sur le *Glenner*, deux ponts en fer.

b) *Sur le Rhin postérieur et sur ses affluents :*

à *Hinterrhein,* un pont en pierre ;
à *Splügen,* un pont en fer ;
sur le *Averserwasser,* un pont voûté d'une seule arche ;
à la *Viamala,* trois ponts voûtés d'une seule arche ;
à *Thusis,* un pont voûté d'une seule arche sur la Nolla ; un pont voûté à piliers sur le Rhin ;
à *Fürstenau,* un pont en bois sur pilots ;
à *Rothenbrunnen,* un pont en bois sur pilots.

c) *Ponts sur le Rhin :*

à *Reichenau,* un pont de grillage en fer ;
à *Felsberg,*
à *Haldenstein,*
à *Untervaz,* } trois ponts couverts en bois sur pilots ;
à *Tardisbrücke,* un pont en bois sur pilots ;
à *Landquart,* un pont en fer.

d) *Ponts sur l'Albula et sur le Landwasser :*

à *Wiesen,*
à *Tiefencasten,*
à *Solis,* } trois ponts voûtés d'une seule arche ;
à *Filisur,* un pont couvert en bois ;
entre *Sils* et *Fürstenau,* un pont en bois.

e) *Ponts sur la Landquart :*

à *Klosters,* un pont à deux arches en pierre ;
à *Küblis,*
à *Schiers,*
à *Zollbrücke,* } trois ponts couverts en bois ;
sur le *Felsenbach,* un pont de grillage en fer ;
à la *station de Landquart,* un pont de grillage en fer pour une voie de chemin de fer et un passage à piétons.

f) *Ponts sur le Rhin en aval de Mayenfeld :*

le pont du *chemin de fer de Mayenfeld*, pont couvert en bois à grillage pour une voie et un passage pour piétons.

NB. Il est question d'établir une route directe entre Mayenfeld et Ragaz; elle franchira le Rhin sur un pont à grillage en bois.

à ***Trübbach***, un pont couvert en bois à grillage, avec sept pilots ;

à ***Sevelen***, un idem ;

à ***Buchs***, 1° un pont du chemin de fer, construction en fer à grillage avec une pile en pierre ; 2° un pont en bois à grillage sur sept pilots ;

à ***Haag***, un pont couvert en bois à grillage sur neuf pilots ;

à ***Oberriet***, près du château de Blatten, un pont couvert en bois à grillage ;

à ***Montlingen***, un idem sur sept pilots ;

à ***Kriessern***, un idem avec pont d'accès sur le Zapfenbach ;

à ***Schmitter***, même pont qu'à Montlingen ;

à ***Widnau***, portant le nom de Gnadenbrücke, un idem ; ce pont n'est pas ouvert au public ;

à ***Au***, deux ponts en bois à grillage, chacun sur sept pilots ;

à ***St-Margarethen***, 1° un pont du chemin de fer, même construction que celui de Buchs ; 2° un pont couvert en bois à grillage sur sept pilots ;

à ***Rheineck***, un idem ;

à ***Constance***, un pont de tôle en arc sur deux piliers donnant passage au chemin de fer, aux voitures et aux piétons ; longueur 135 *m.;*

à ***Stein***, un pont en bois sur six pilots ; longueur 125 *m.;*

à ***Hemmishofen***, un pont du chemin de fer ; construction en fer et à grillage sur deux piliers en pierre ;

à *Diessenhofen,* un pont couvert sur quatre pilots; longueur 88 *m.;*

à *Schaffhouse,* 1° un pont en bois avec trois piliers en pierre et trois pilots; longueur 115 *m.;* 2° une passerelle sur 10 pilots d'une longueur de 130 *m.;* cette passerelle peut à la rigueur être utilisée pour le passage des voitures;

à *Neuhausen,* un pont à arches en pierre sur huit piliers; longueur 115 *m.;* la voie du chemin de fer est accompagnée d'un passage pour les piétons;

à *Rheinau,* un pont couvert en bois sur un pilier en pierre et deux pilots; longueur 68 *m.;*

à *Rüdlingen,* un pont en fer sur piles en pierre; longueur 120 *m.;*

à *Eglisau,* un pont couvert en bois avec une pile en pierre; longueur 86 *m.;*

à *Kaiserstuhl,* un pont en bois sur deux piles en pierre et quatre pilots;

à *Coblence,* un pont du chemin de fer à deux voies, construction en fer à grillage avec deux piles; longueur 140 *m.;* sur la rive gauche du Rhin se trouve un viaduc sur cinq piles;

à *Laufenbourg,* un pont en bois sur trois piles, couvert en partie; longueur 83 *m.;*

à *Säckingen,* un pont couvert en bois sur six piles; longueur 229 *m.;*

à *Rheinfelden,* un pont en bois sur trois piles, couvert en partie; 155 *m.;*

à *Bâle,* 1° un pont du chemin de fer de raccordement, construction en fer à grillage; 2° un pont en arc sur piles en pierre; 3° un pont en bois en partie sur pilots et en partie sur piles; 4° un pont de tôle en arc.

Des *bacs pour voitures* sont établis à *Zurzach,* à *Kadelburg* et à *Coblence* et on rencontre à beaucoup d'endroits des *bacs pour piétons.*

Affluents du Rhin.

a) *De Reichenau au lac de Constance.*

1. **Sur la rive droite :**

La **Plessur** qui descend la vallée de Schanfigg et se jette dans le Rhin à Coire.

La **Landquart** qui passe par le Prättigau et se réunit au Rhin près Zollbrücke.

2. **Sur la rive gauche :**

La **Tamina**. Elle a ses sources au massif de la *Sardona* (Saurenstock) et se jette dans le Rhin près de Ragaz.

Un certain nombre de torrents descendus du massif du *Säntis* sont conduits par un canal dans le Rhin. Le plus important de ces torrents est la Simmi, qui a ses sources au Wildhaus.

b) *Dans le lac de Constance.*

Le lac de Constance ne reçoit que des cours d'eau peu importants. La **Steinach** et la **Goldach**, dont les embouchures se trouvent entre Rorschach et Arbon, méritent seules d'être citées à cause de leurs lits profondément ravinés.

c) *De Stein à Bâle.*

Sur la rive droite :

à Hemmishofen le **Biber** ;

à Thiengen la **Wuttach** ; ce cours d'eau forme sur une partie de son parcours la frontière entre le canton de Schaffhouse et le grand-duché de Bade; près de Bâle la **Wiese** venant de la *Forêt Noire*; elle n'appartient à la Suisse que dans son cours inférieur.

Sur la rive gauche :

1. La **Thour** ; elle a ses sources au *Säntis* et parcourt le canton de St-Gall, la grande vallée de la Thurgovie et en dernier lieu le canton de Zurich.

La *longueur* totale de son cours est de 130 *km.* environ et sa *largeur* en aval de Bischoffszell de 50—80 *m.*

Points de passages dans le canton de St-Gall :

entre *Wildhaus* et *St-Johann*, un pont suspendu à armatures, en bois ;

à *Alt-St-Johann*, un idem ;

à *Stein*, un pont en fer à grillage ;

à *Nesslau*, 1° un pont couvert; 2° un pont à ciel ouvert, tous deux en bois ;

à *Neu-St-Johann*, deux ponts en bois ;

à *Krummenau*, un pont naturel et un pont couvert en bois ;

à *Ebnat*, un pont pour voitures à grillage en fer;

entre *Ebnat* et *Eich*, un idem ;

entre *Kappel* et *Steg*, un pont en bois sur deux pilots ;

à *Ulisbach*, un pont du chemin de fer avec un passage pour piétons ;

à *Wattwyl*, un pont en bois sur deux pilots ;

entre *Bundt* et *Flotz*, un idem ;

à *Lichtensteig*, 1° un pont en fer à grillage; 2° un pont couvert en bois à jambes de force ;

à *Felsenthal près Loretto*, un pont à grillage en fer ;

il ne peut être utilisé que par des voitures très légères ;

à *Dietfurt,* un pont voûté en pierre ;

le pont *de Soor,* un pont en grillage sans pilier intermédiaire ;

à *Bütswyl,* une passerelle suspendue ;

à *Ganterswyl,* une idem ;

à *Lütisbourg,* un pont couvert en bois à jambes de force ;

à *Mühlau,* un idem ;

à *Schwarzenbach,* 1° un pont du chemin de fer, construction en fer avec trois piliers ; 2° un pont en fer à grillage, de la route cantonale ;

à *Brübach,* un pont couvert en bois à jambes de force ;

à *Oberbüren,* un pont couvert en bois, sur 4 pilots ; un peu en aval de Oberbüren, il existe une passerelle.

Ponts dans le canton de Thurgovie :

à *Bischoffszell,* un pont voûté sur 7 piliers, longueur 113 *m.* ;

à *Schönenberg,* un pont en fer, à grillage, longuenr 84,6 *m.*;

à *Bürglen,* un pont en bois, à jambes de force, avec 1 pilier, longueur 80 *m.*; le prolongement de ce pont est en fer, à grille, avec 2 piliers, longueur 45 *m.*;

à *Weinfelden,* un pont en bois, à jambes de force, sur 4 pilots, longueur 82,2 *m.*;

à *Amlikon,* un idem, sur 5 pilots, longueur 92,7 *m.*;

à *Eschigkofen,* 1° un idem sur 4 pilots, longueur 91,5 *m.*; 2° un pont du chemin de fer avec passerelle pour piétons, en bois, avec grillage sur 3 piliers, longueur 180 *m.*;

entre *Pfyn* et *Felben*, un pont de grillage en fer avec 2 piliers, longueur 120 *m.*;

entre *Rohr* et *Wart*, un pont de grillage en bois, 1 pilier intermédiaire, longueur 90 *m.*; il y a une prolongation en fer, longueur 45 *m.*;

à *Uesslingen*, un pont en bois à jambes de force, sur 5 pilots, longueur 90 *m.*;

à *Nieder-Neunforn*, un pont de grillage en fer sur 2 piliers, longueur 138 *m.*

Ponts dans le canton de Zurich :

entre *Altikon* et *Neunforn*, un pont en fer de 135 *m.* de longueur ;

à *Gütikhausen*, un idem en fer, avec couverture en bois, longueur 66 *m.*;

à *Andelfingen*, 1° un pont du chemin de fer, construction en fer, sur piliers en pierre ; 2° un pont couvert en bois, longueur 68 *m.*

Les **affluents** de la Thour sur sa **rive droite** sont :

le **Necker** à Lütisbourg,

la **Glatt** qui passe à proximité de Hérisau,

la **Sitter** à Bischoffszell ; elle naît au Säntis et réunit à Kräzern ses eaux à celles de l'**Urnäsch.**

Passages sur la Sitter :

à *Bruggen*, un pont du chemin de fer, construction en fer à grilles sur 3 piles en fer ;

à *Kräzern*, un pont à arches en pierre avec 1 pilier ;

à *St-Joseph*, un pont en fer à grille avec 1 pilier en pierre et un pont couvert en bois, à jambes de force ;

à *Lee*, un pont en fer ;

la *Wannenbrücke* près de *Bernardzell*, un pont en bois très étroit ;

à *Bischoffszell,* un pont à arches en bois, longueur 36 *m.*

On trouve des passerelles et des bacs en divers endroits.

Sur sa **rive gauche** la Thour reçoit la **Murg** qui passe près de Frauenfeld.

Un pont sur la Murg à Kurzdorf, construction en fer, longueur 30 *m.*

2. *La Töss.*

Elle vient du versant Nord du Hörnli et traverse, par une vallée assez encaissée et boisée, le canton de *St-Gall;* dans le canton de Zurich elle passe par les localités de *Fischenthal, Töss* et *Pfungen* et se jette enfin dans le Rhin en amont d'*Eglisau.*

La Töss ne peut opposer un obstacle sérieux au mouvement des troupes qu'à la suite d'une fonte subite de neiges, ou après de grandes pluies.

Passages sur la Töss :

à *Boden,* un pont avec superstruction en bois, longueur 16,5 *m.*;

à *vor dem Steg,* un idem, longueur 16,5 *m.*;

à *hinter dem Steg,* un idem, longueur 19,8 *m.*;

au *Schlössli,* un pont couvert en bois avec trottoir, longueur 22,5 *m.*;

entre *Bauma* et *Sternenberg,* un pont de grillage en bois ;

à *Juckern,* un idem ;

entre *Tablatt* et *Saaland*, un idem ;
à la station *Wyla-Tablatt*, un pont à grilles en fer avec couverture en bois ;
à *Wyla*, un pont couvert en bois, longueur 43 *m.*;
entre *Hutzikon* et *Wildberg*, un pont en fer, longueur 37 *m.*;
entre *Kollbrunn* et *Weisslingen*, un pont couvert en bois ;
à *Leisenthal*, un pont couvert en bois, longueur 24 *m.*;
à *Töss*, un pont voûté en pierre ;
à *Bodmermühle*, sur la voie d'accès du chemin de fer qui conduit à Wülflingen, un pont en fer, longueur 33 *m.*;
à *Pfungen*, un pont couvert en bois, longueur 42,5 *m.*;
à *Rorbas*, un pont voûté en pierre, longueur 30 *m.*

La Töss est franchie 7 fois par des voies ferrées :
a) en amont de la station de Steg, un pont en grillage, longueur 22,6 *m.*;
b) à Lipperschwendi, un idem, longueur 24 *m.*;
c) à Seewadel, un pont en bois à grilles, longueur 25 *m.*;
d) en amont de la station de Bauma, un idem, longueur 24 *m.*;
e) à Wyla, un pont avec poutres de support en fer à grillage, longueur 34 *m.*;
f) en amont de Töss, un pont en fer à grilles ;
g) à Töss, un pont de grillage en fer à deux ouvertures.

3. *La Glatt.*

Elle porte dans son cours supérieur le nom de Aa. Sortant du lac de **Pfäffikon** elle traverse le lac de **Greifen** et coule dans une vallée marécageuse large quelquefois de plus d'une lieue.

Largeur de la Glatt, 15—25 *m.*, avec une *profondeur* de 2—2 1/2 *m.*

De *Glattbrugg* à *Oberglatt* elle est canalisée.

Ponts sur la Glatt :

à *Schwerzenbach*, un pont voûté en pierre, longueur 18 *m.*;

à *Dübendorf*, un pont en bois avec voie empierrée, longueur 21,6 *m.*;

entre *Dübendorf* et *Wangen*, un idem, longueur 13,5 *m.*;

à *Schwamendigen*, un pont voûté en pierre, longueur 18 *m.*;

à *Herzogenmühle*, un pont couvert en bois, longueur 18 *m.*;

le pont du chemin de fer *dans l'Au ;*

à *Glattbrugg*, un pont couvert en bois et pavé en bois, longueur 25,8 *m.*;

à *Rümlang*, un pont en fer, longueur 15,5 *m.*;

à *Oberglatt*, un pont couvert en bois, longueur 22 *m.*;

à *Niederglatt*, un idem ;

à *Oberhöri*, un pont en fer, longueur 25,8 *m.*;

à *Niederhöri*, un pont couvert en bois, longueur 25 *m.*;

à *Hochfelden*, un idem ;

entre *Schachen* et *Glattfelden*, un pont en bois, longueur 24 *m.*;

à *Glattfelden*, un pont à arches, en fer, longueur 19 *m.*;

le *Tunnel* de la *Glatt* à *Rheinfelden*, route de 3e classe.

Outre les ponts sus-mentionnés, il en existe encore un certain nombre de moindre importance.

4. *L'Aar.*

Elle naît sur le versant Est du *massif du Finsteraar*, parcourt la vallée du *Hasli,* passe par les lacs de **Brienz** et de **Thoune** et se dirige à travers une large vallée sur la ville de Berne, qu'elle entoure en partie. Dans cet endroit son lit est fortement encaissé. Après Berne elle se dirige à l'Ouest vers le Jura et ne reprend la direction Nord qu'après sa réunion avec la Sarine. Dès ce point de jonction elle entre dans la large plaine du plateau suisse. Son cours, très ralenti dans ces parages, a produit de grands dépôts d'alluvion qui ont entravé l'écoulement des eaux du Jura. Pour remédier à cet inconvénient on a entrepris les travaux suivants :

a) la construction d'un canal, prenant entre Aarberg et Bargen et passant par Hagueneck, pour conduire l'Aar dans le **lac de Bienne.**

b) la correction de la Thièle, à laquelle on a donné sur le parcours Gottstatt-Meyenried-Büren un lit plus régulier et plus profond.

Ces travaux doivent amener, outre l'assainissement des grands marais d'Aarberg, celui des marais situés au Sud-Ouest des lacs de Neuchâtel et de Morat.

Le cours inférieur de la Thièle entre Nidau et

Büren deviendra ainsi peu à peu le véritable cours de l'Aar.

Jusqu'à Aarau l'Aar longe le pied du Jura ; elle se fraye ensuite un passage à travers cette chaîne de montagnes et déverse ses eaux dans le Rhin à Coblence.

Longueur du cours de l'Aar :

du glacier de Unteraar au lac de Brienz.	36	*km*.
du lac de Brienz	14	»
du lac de Brienz au lac de Thoune . .	6	»
du lac de Thoune	18	»
de Thoune à Berne	31	»
de Berne à l'embouchure de la Sarine .	32	»
de l'embouchure de la Sarine au canal de l'Aar	9	»
longueur du canal de l'Aar	8,5	»
de Nidau à Büren	11	»
de Büren à Soleure	17	»
de Soleure à l'embouchure de la Limmat.	76	»
de l'embouchure de la Limmat au Rhin .	14	»

Largeur de l'Aar.

La plus grande largeur du lac de Brienz est de 3 *km*.;

celle du lac de Thoune entre Merligen et Faulensée de 3,3 *km*.;

de Thoune à Berne, 40—50 *m*.;

de Berne à Aarberg, 55—60 »

d'Aarberg au Rhin, 80—140 »

à quelques places l'Aar est encore plus large, par exemple à l'embouchure de la Thièle et à Döttingen, où elle atteint 800 *m*. environ.

Profondeur de l'Aar.

La plus grande profondeur du lac de Brienz est de 261 *m.*;

celle du lac de Thoune 217 *m.*;

en aval de Thoune 1—3 *m.*;

à l'embouchure de la Thièle et à Döttingen 6 *m.*

La *vitesse* du courant varie entre 1,5 et 2 *m.*

Le lac de Brienz est desservi par 4 bateaux à vapeur et il y en a 5 sur celui de Thoune.

L'Aar elle-même n'est *navigable* pour de petits bateaux que depuis Thoune, à cause d'une écluse haute de 3 *m.*

Passages sur l'Aar en aval de Thoune :

à *Thoune, a) sur l'Aar intérieure :*

le *pont de Sinne,* construction en fer, longueur 24 *m.*;

la *Kuhbrücke*, construction en fer avec piliers en pierre, longueur 28,7 *m.*;

b) sur l'Aar extérieure :

le pont de *Scherzlingen,* construction en fer sur pilots, longueur 36 *m.*;

le pont de *l'Allmend,* idem, longueur 32 *m.*;

à *Uttigen*, un pont en fer à grillage pour la voie ferrée, longueur 95 *m.*;

à *Jaberg*, un pont couvert en bois à arche, longueur 29,3 *m.*;

à *Thalgut*, un pont avec piles en pierre et superstruction en fer, longueur 60 *m.*;

à *Rubigen* (Hunzikerbrücke), un pont en bois sur pilots, longueur 51 *m.*;

à *Berne, a*) le pont de *Dalmazi*, construction en fer avec 2 piliers, longueur 50 *m.*; *b*) le pont du *Kirchenfeld,* 2 arches en fer et 4 piliers, longueur 235 *m.*; *c*) le pont de la *Nydeck*, en pierre, longueur 140 *m.*;

d) le pont du *Unterthor* en pierre, longueur 50 *m.*; *e*) le pont suspendu du *Altenberg*, pour piétons, longueur 50 *m.*; *f*) le pont du *chemin de fer* à 2 voies, construction en fer à grillage et 2 piliers en pierre, sous la voie ferrée un passage pour voitures et piétons, longueur 160 *m.*;

à *Tiefenau*, un pont à arches en pierre, 2 piliers, longueur 150 *m.*;

la *Neubrücke*, un pont couvert en bois, 4 piliers, longueur 70 *m.*;

à *Wohlen*, un pont couvert en bois à grillage, à un pilier;

à *Aarberg*, *a*) un pont couvert avec piliers en pierre, longueur 60 *m.*; *b*) un pont du chemin de fer à grillage, 2 piliers; *c*) un pont du chemin de fer sur le canal; construction en fer à grillage, 1 pile, longueur 90 *m.*; *d*) un pont sur le canal pour la route cantonale, construction semblable à celle du précédent, longueur 86 *m.*;

à *Walperswyl*, un pont en fer sur le canal, longueur 79 *m.*;

à *Hagueneck*, un pont à arches en fer, portée 55 *m.*;

à *Nidau*, sur *le canal*, un pont en fer à grillage, 3 piliers en fer, longueur 94 *m.*;

à *Nidau*, sur *l'ancienne Thièle*, un pont à arches en fer;

à *Brügg*, *a*) un pont du chemin de fer, construction en fer à grillage avec piliers en pierre; *b*) un pont en fer à grillage avec piles en fer;

à *Safneren*, un idem avec 3 piles en fer, longueur 93 *m.*;

à *Büren*, un pont couvert en bois sur 4 piles, longueur 90 *m.*;

à *Arch*, un pont en fer à grillage, 2 piles en pierre, longueur 102 *m.*;

à *Soleure*, *a*) un pont du chemin de fer, construction en fer à grillage avec 2 piles intermédiaires, longueur 95 *m.*; *b*) le pont supérieur en fer avec 1 pilier, longueur 73 *m.*; *c*) le pont inférieur en fer avec 5 piliers en fer, longueur 108 *m.*;

à *Luterbach,* un pont en fer avec 4 piles en fer, longueur 86,5 *m.*;

à *Wangen, a*) un pont en bois à armatures et à contrefiches, 1 pilier en pierre et 3 en bois ; *b*) un pont du chemin de fer, construction en fer à grillage, longueur 90 *m.*;

à *Aarwangen,* un pont couvert en bois sur 5 pilots (on a décidé la construction d'un pont en fer) ;

à *Murgenthal,* un pont couvert en bois avec 1 pilier, longueur 90 *m.*;

à *Aarburg,* un pont suspendu, longueur 68,4 *m.*; (ne peut supporter de fortes charges).

à *Olten, a*) un pont du chemin de fer Olten-Soleure, longueur 96 *m.*; *b*) un pont en bois à armatures et à contrefiches, longueur 73,5 *m.*; *c*) un pont vis-à-vis de la station du chemin de fer ; *d*) un pont du chemin de fer Olten-Bâle, longueur 95 *m.*;

à *Schönenwerd,* un pont couvert en bois sur 3 pilots, longueur 104 *m.*;

à *Aarau,* un pont suspendu, longueur 97,5 *m.*;

à *Wildegg,* un pont en fer à grillage, 4 piliers, longueur 126,5 *m.*;

à *Altenburg,* un pont du chemin de fer à une voie ;

à *Brugg,* un pont voûté en pierre, longueur 19,5 *m.*

Affluents de l'Aar.

a) Sur la **rive gauche** :

L'Aar reçoit dans le lac de Brienz la **Lütschinen** et dans le lac de Thoune la **Kander** avec la **Simme**;

avant Berne elle reçoit la **Gürbe** venant de la chaîne du Stockhorn.

En aval de Berne l'Aar recueille :

la **Sarine**; elle a ses sources au Sanetsch, traversant les chaînes calcaires de Brenleyre, elle atteint Fribourg dans un lit creusé profondément dans la molasse et se jette dans l'Aar près de Oltigen.

La Sarine a comme affluents sur sa **rive gauche** la **Glâne** et la **Sonnaz** et sur sa **rive droite** la **Singine**, formée par la réunion de la **Singine froide**, de la **Singine chaude** et du **Schwarzwasser.**

Passages sur la Kander :

à *Gwatt*, près de son embouchure dans le lac de Thoune, un pont en pierre à une seule arche ;
à *Spiezwyler*, un pont en pierre ;
à *Reichenbach*, un pont couvert en bois.

Ponts sur la Simme :

à *Wimmis*, un pont en pierre à une arche ;
entre *Oey* et *Latterbach*, un pont couvert en bois ;
deux ponts en bois à Garstatt.

Ponts sur la Sarine :

à *Estavannens*, un pont en fer à grillage, longueur 42 *m.*;
à *Broc*, un pont en pierre, longueur 28 *m.*;
à *Corbières*, un pont supendu, longueur 119 *m.*;
à *Pont-la-Ville*, un pont en pierre ;
à *Corpataux*, un pont suspendu, longueur 100 *m.*;
à *Hauterive*, un idem, longueur 57 *m.*;
à *Fribourg*, *a*) le pont de St-Jean, construction en

pierre sur 2 piliers ; *b*) le pont du milieu, idem ; *c*) le pont de Berne, couvert en bois, longueur 45 *m*.; *d*) le grand pont suspendu, longueur 265 *m*.; *e*) le pont du chemin de fer Fribourg-Berne ;

à *Vivy,* on projette la construction d'un pont suspendu ;

à *Shiffenen,* un pont en fer à grillage avec un pilier, longueur 41 *m*.;

à *Laupen,* un pont couvert en bois ;

à *Gümmenen,* un idem sur 4 piliers.

Ponts sur la Singine :

à *Guggisbach,* un pont couvert en bois ;

entre *Schwarzenbourg* et *Heitenried,* un pont en bois, longueur 42 *m*.;

entre *Albligen* et *Eichi,* un pont couvert en bois sur 1 pilot ;

à *Thörishaus,* un pont du chemin de fer ;

à *Flamatt,* un pont en pierre ;

à *Neuenegg,* un idem ;

sur le *Schwarzwasser* on a construit un pont avec une arche en fer.

La **Thièle** amène dans l'Aar les eaux des lacs de Neuchâtel et de Morat, mais le nom de Thièle est donné déjà à la réunion de l'**Orbe** et du **Talent** avant leur entrée dans le lac de Neuchâtel.

L'**Orbe** venant du territoire français se perd dans le lac de **Joux** et le petit lac de **Brenet**; elle reparaît plus bas, au Sud-Ouest de Vallorbes, suit une vallée très encaissée et entre, au sortir de la ville d'Orbe, dans la grande plaine marécageuse qui s'étend du Mauremont au lac de Neuchâtel.

A Yverdon la Thièle se jette dans le lac.

Sur l'*Orbe* et la *Thièle* on trouve les ponts suivants :

à *Vallorbes, a)* un pont dans le village ; *b)* le pont du chemin de fer Lausanne-Pontarlier ;

aux *Clées,* un pont ;

à *Orbe,* trois ponts ;

à *Yverdon,* un pont dans la ville et le pont du chemin de fer.

Affluents de la Thièle.

a). Sur la **rive gauche** du lac de Neuchâtel :

la **Reuse** venant du Val de Travers et le **Seyon** qui descend du Val de Ruz.

b) Sur la **rive droite** du lac :

la **Mentue,**

la **Broye.** Ce cours d'eau qui vient de Semsales passe à Moudon et à Payerne ; il traverse ensuite une grande plaine pour se jeter dans le lac de **Morat** et au sortir de celui-ci dans le lac de **Neuchâtel.** Avant d'entrer dans le lac de Morat la Broye reçoit les eaux de la **petite Glâne.**

Le lac de Neuchâtel a une longueur de 39 *km.*; sa plus grande largeur (à Auvernier) est de 9 *km.* et sa profondeur maxima de 143 *m.*

Le lac de Morat, long de 9 *km.*, a sa plus grande largeur (3 *km.*) à Morat ; sa profondeur est de 41 *m.* au maximum.

Ces deux lacs sont desservis par 4 petits bateaux à vapeur.

Au sortir du lac de Neuchâtel la Thièle rejoint

le lac de **Bienne** après un parcours en plaine d'environ 8 km.

Les ponts suivants se trouvent sur ce dernier parcours :

à *Thièle*, *a)* l'ancien pont en pierre ; *b)* un pont en fer à grilles sur deux piles en fer ;

à *St-Jean*, un pont couvert en bois avec une portée de 46,5 *m*.

Dans le lac de Bienne se jette encore la **Suze** après avoir traversé la Cluse de la Reuchenette.

Sur ce dernier cours d'eau se trouve un pont à arche en pierre au *Taubenloch*, le pont du chemin de fer à *Bözingen* et les ponts de *Madretsch* et de *Nidau*.

La longueur du lac de Bienne est de 16 *km*.; sa plus grande largeur (entre Ligerz et l'embouchure du canal de l'Aar) 4 *km*., et sa profondeur maxima 78 *m*.

On trouve comme dernier affluent sur la rive gauche de l'Aar la **Dünnern**, qui sort du Jura par la **Cluse d'Oensingen** et se réunit à l'Aar près d'Olten.

Affluents sur la rive droite de l'Aar :

en aval de Thoune :

a) la **Zulg** ;

b) la **Rothachen** ;

c) la **Kiesen** ;

en aval de Berne :

d) la **Worblen** ;

e) le **Lyssbach** ;

4

en aval de Soleure :

f) la **Grande Emme**; ce dernier affluent a ses sources dans les montagnes situées au Nord du lac de Brienz et reçoit l'**Ilfis** entre Signau et Lauperswyl;

Ponts sur la Grande Emme :

à *Schangnau,* un pont en bois sans pilier;

à *Horben,* un pont en bois sans pilier;

à *Bubenei,* un idem;

à *Schüpbach,* un pont couvert, en bois, sans pilier;

à *Emmenmatt, a)* un idem; *b)* un pont du chemin de fer, construction en fer à grille avec deux piliers;

à *Zollbrück,* un pont couvert, en bois, sans pilier;

à *Farbschachen, a)* un idem sur deux piliers; *b)* un pont du chemin de fer comme celui d'Emmenmatt;

à *Lützelflüh,* un pont couvert, en bois, sur pilots;

à *Hasle,* un pont couvert, en bois, sans pilier;

entre *Berthoud* et *Heimiswyl,* un pont couvert, en bois sur pilots;

entre *Berthoud* et *Wynigen,* un pont couvert, en bois avec un pilier;

entre *Berthoud* et *Waldegg,* un pont en bois, sur pilots;

à *Berthoud,* un pont du chemin de fer, construction en fer à grillage avec deux piliers;

à *Kirchberg,* un pont en fer à grilles avec 2 piliers;

à *Aeffligen, a)* une passerelle en bois sur pilots; *b)* un pont du chemin de fer;

à *Bätterkinden,* un pont couvert en bois sur six piliers;

à *Biberist, a)* un pont en bois, avec voie empierrée; il est soutenu par huit pilots et deux culées en pierre; longueur 77 *m.*; *b)* un pont du chemin de fer de la ligne Soleure-Berthoud; longueur 87 *m.*;

à *Derendingen,* *a*) un pont en bois sur trois piliers et trois pilots ; *b*) un pont du chemin de fer Soleure-Herzogenbuchsee ; longueur 78 *m.*;

à *Luterbach*, un pont en fer à grillage, du chemin de fer Olten-Soleure ; longueur 80 *m.*

g) la **Murg** à laquelle se réunissent en amont de Langenthal la **Langeten** et la **Roth** ;

h) la **Wigger** venant des pentes Nord du *Napf;* (sous l'ancien gouvernement bernois elle séparait la haute Argovie de la basse Argovie) ;

i) la **Suhr** qui sort du **lac de Sempach** et reçoit la **Wyne** près de Suhr.

La plaine marécageuse de Mauensee met en communication les vallées de la Wigger et de la Suhr.

Dans cette plaine que traverse aujourd'hui une voie ferrée se trouvaient jadis les villages lacustres des Celtes ;

k) l'**Aa** ; elle sort des lacs de *Baldegg* et de *Hallwyl* et reçoit avant d'entrer dans l'Aar près de Wildegg, la **Bünz** ;

l) la **Reuss**; elle naît au massif du St-Gothard, suit la vallée longitudinale de Urseren, et passe par les Schöllenen pour se jeter dans le **lac des Quatre-Cantons.** Elle en sort à Lucerne, coule dans une vallée large d'une demi-lieue fréquemment marécageuse, et se fraye, depuis Bremgarten, un passage très étroit et encaissé qui la conduit à l'Aar.

La longueur du cours de la Reuss est d'environ 170 *km.* dont 37 *km.* dans le lac des Quatre-Cantons.

Largeur du lac : à Tellsplatte, 2,5 *km.*;
à Treib, 1 *km.*;
à Beckenried, 3 *km.*;
entre les deux Nez, 0,8 *km.*;
à Wäggis, 3,2 *km.*

La largeur de la Reuss en aval de Lucerne est de 65—80 *m.*

La profondeur maxima du lac des Quatre-Cantons est de 258 *m.*; celle de la Reuss 1,9 *m.* et pendant les hautes eaux 5,5 *m.*

Vitesse du courant de la Reuss à la hauteur normale des eaux 1,5—2 *m.*

Le lac des Quatre-Cantons est desservi par 13 bateaux à vapeur et 2 petits vapeurs à hélice ; la Reuss est navigable pour de petits bateaux depuis Lucerne.

Ponts sur la Reuss.

1° *En amont du lac des Quatre-Cantons :*

le *pont du Diable*, en pierre, une seule arche ;
le pont de *Schöni*, idem ;
le pont de *Wattigen*, idem ;
le pont de la *Meienreuss*, idem ;
le pont du *Pfaffensprung*, idem ;
le pont de *Meitschligen*, idem ;
le pont près d'*Amsteg*, idem, avec une pile intermédiaire ;
le pont d'*Erstfeld ;*
le pont d'*Attinghausen ;*
à *Seedorf*, un pont en fer.

Le chemin de fer du Gothard franchit quatre fois la Reuss sur des ponts en fer à grillages : à *Göschenen*, un pont, longueur 25 *m.*; à *Wattigen*, deux ponts, longueur 40 *m.* chacun, et à *Intschi*, un pont, longueur de 75 *m.*

2° A *Stanzstad*, un pont en fer permet de traverser *le lac*.

3° *En aval du lac des Quatre-Cantons :*

a) Dans le canton de Lucerne :

à *Lucerne*, *a*) un pont près du lac, superstruction en fer et 6 piliers en pierre ; *b*) le pont de la Reuss, en bois, longueur 51 *m*.;

à *Untergrund*, un pont du chemin de fer du Nord-Est, longueur 150 *m*.;

à *Gislikon*, un pont couvert en bois sur 3 pilots;

b) Dans le canton d'Argovie :

à *Oberrüti*, un pont du chemin de fer argovien, à une voie ;

à *Sins*, un pont couvert, en bois, à 2 cintres et un pilier en pierre, longueur 73 *m*.;

à *Merenschwand* (de Rickenbach à Lungern), un pont en fer avec 2 piliers noyés en pierre, longueur 48 *m*.;

à *Ottenbach*, un pont en fer à grilles, longueur 74 *m*.;

à *Bremgarten*, un pont en bois, en partie couvert, 5 piliers noyés en pierre, longueur 102 *m*.;

à *Mellingen*, *a*) un pont couvert, en bois, longueur 48 *m*.; *b*) un pont du chemin de fer, à une voie;

à *Windisch*, *a*) un pont en bois sur un pilier noyé, longueur 69 *m*.; *b*) un pont de chevalets, près des fabriques ;

à *Vogelsang*, un pont du chemin de fer, à 2 voies, construction en pierre, à arche.

Affluents de la Reuss.

a) **Sur la rive gauche :**

Dans le canton d'Uri :

La Reuss de Göschenen.

A *Göschenen* il y a un pont en pierre à arches et le pont du chemin de fer d'une longueur de 65 *m.*;

La Meyen Reuss.

A *Wasen*, un pont en pierre et trois ponts du chemin de fer; le premier a 53 *m.* de longueur, le second 61 *m.* et le troisième 47 *m.*

Se déversant dans le lac des Quatre-Cantons:

l'**Aa d'Unterwalden le Bas** dont l'embouchure est à Buochs;

l'**Aa d'Unterwalden le Haut**; ce torrent se jette à Alpnach dans le lac du même nom et à Stanzstad dans le lac des Quatre-Cantons.

Il y a des ponts couverts en bois à Sarnen et à Kägiswyl.

En aval de Lucerne:

la **Petite Emme**; elle vient des montagnes de Brienz (Brienzergrat), passe par l'Entlebuch, tourne à l'Est près de Wohlhusen et se jette dans la Reuss à Lucerne. Son cours inférieur est canalisé en grande partie.

Ponts sur la Petite Emme:

entre *Schüpfheim* et *Escholzmatt*, un pont du chemin de fer Jura-Berne-Lucerne d'une longueur de 30 *m.* et un pont couvert en bois, long de 31,5 *m.*;

entre *Entlebuch* et *Doppelschwand*, un pont couvert, en bois, longueur 29 *m.*;

entre *Wohlhusen* et *Doppelschwand*, le pont couvert de Kappelboden, longueur 53,5 *m.*;

entre *Wohlhusen* et *Entlebuch*, un pont en fer pour

la route cantonale, de 32 *m*. de long, et le pont du chemin de fer J.-B.-L. long de 49 *m*.;

à *Werthenstein*, un pont couvert, en bois, longueur 41,5 *m*.;

entre *Werthenstein* et *Schachen*, un pont du chemin de fer du J.-B.-L., long de 41 *m*., et un pont en fer de 33,5 *m*. de long pour la route cantonale;

à *Malters*, le pont couvert en bois de *Schönenboden*, longueur 33,3 *m*.; idem du chemin vicinal, longueur 33,3 *m*.; idem de *Blatten*, longueur 37 *m*.;

à *Littau*, le pont en fer de *Thorenberg*, longueur 34,5 *m*.;

entre *Littau* et *Emmen*, un pont couvert, en bois, de 137,5 *m*., et le pont du chemin de fer du Central, long de 144 *m*.

Le seul affluent de la Petite Emme qui mérite d'être cité est la *Grande Entlen* avec ses ponts : entre *Entlebuch* et *Hasle*, *a*) un pont pour le chemin de fer, long de 31 *m*.; *b*) un pont pour la route cantonale, long de 30 *m*.

b) **Affluents sur la rive droite :**

Dans le canton d'Uri :

à Amsteg : le ruisseau de **Kerstelen** ;

On le franchit sur un pont en pierre et un petit pont de chemin de fer.

à Bürglen : le ruisseau de **Schächen**;

Mêmes moyens de passage qu'au précédent.

Dans le lac des Quatre-Cantons se déverse la **Muotta** à Brunnen ;

Passages sur ce ruisseau : deux ponts à Muottathal, un à Hinter-Iberg et un à Ibach ; en outre un pont pour le chemin de fer à Brunnen.

Affluents en aval du lac des Quatre-Cantons:

la **Lorze**; elle sort du **lac d'Aegeri,** traverse le **lac de Zoug** et se jette dans la Reuss après un parcours d'une lieue et 3/4.

Longueur du lac de Zoug, 14 *km.*; sa largeur entre Immensee et Walchwyl est de 3 *km.* Ce lac est desservi par 3 bateaux à vapeur et un petit vapeur à hélice.

A un quart de lieue au dessous de l'embouchure de la Reuss se trouve celle de la **Limmat.**

Le bassin de la Limmat est beaucoup plus petit que celui de la Reuss; ses sources sortent des montagnes qui se trouvent au Nord de la vallée du Rhin antérieur.

La Limmat, que l'on nomme la **Linth** dans son cours supérieur, vient du Tödi. Dès Netstall, dans le canton de Glaris, un canal (canal Escher) mène ses eaux dans le **lac de Walen,** afin qu'elle y dépose ses galets. Un second canal (canal de la Linth) la mène dans le **lac de Zurich.** A Zurich elle sort du lac et se dirige au Nord-Est, vers le Jura dans lequel elle pénètre à Baden, comme le fait la Reuss à Birmensdorf.

Depuis l'embouchure de la Sernft jusqu'au lac de Walen la Linth a une longueur de 17 *km*; le canal a une largeur d'environ 25 *m.* et une profondeur moyenne de 1,5 *m.*; ses digues ont une hauteur de près de 2 *m.*

Ponts sur la Linth:

à *Lintthal,* deux ponts en bois;

à *Rüti,* un pont en fer pour le chemin de fer;

à *Diessbach,* un idem ;

à *Hätzingen,* un pont en bois ;

à *Nidfurn,* un pont en fer ;

à *Schwanden,* un pont en fer pour le chemin de fer et un pont en bois ;

à *Mitlödi,* un pont pour le chemin de fer et un pont en bois pour les voitures ;

à *Ennenda,* un pont du chemin de fer ;

entre *Glaris* et *Ennenda,* deux ponts en fer, dont un pour les voitures et l'autre pour le chemin de fer;

entre *Glaris* et *Ennetbühl,* un pont en fer d'une portée de 37,5 *m.*;

à *Netstall,* un idem d'une portée de 32 *m.*;

à *Mollis,* un pont en fer d'une portée de 45 *m.*; un pont en bois d'une portée de 45 *m.*; un pont en fer pour le chemin de fer.

Longueur du lac de Walen, 15 *km.*; sa *largeur* entre Murg et Quinten est de 1,5 *m.* et sa plus grande *profondeur* 151 *m.*

La *navigation* sur ce lac est insignifiante.

Le *canal de la Linth,* qui relie le lac de Walen au lac de Zurich, a une *longueur* de 16 *km.* et une largeur de 40 *m.*; sa *profondeur* est de 1,6—1,8 *m.* et ses digues ont une hauteur de 2,5 *m.* Des bateaux de moyenne grandeur peuvent y naviguer.

Ponts sur le canal de la Linth :

à *Weesen,* deux ponts en fer, dont un pour la route et l'autre pour le chemin de fer;

à *Ziegelbrücke,* trois ponts en fer, dont un pour la route, de 30 *m.* de longueur, et les deux autres pour le chemin de fer ;

entre *Schännis* et *Bilten,* une passerelle en bois;

entre *Benken* et *Reichenburg,* un pont en bois;

au *château de Grynau,* un pont en bois.

La partie supérieure du lac de Zurich jusqu'à Rapperswyl porte le nom de *lac supérieur* (Obersee). Le lac de Zurich a une *longueur* de 11 + 28 = 39 *km.*, une *largeur* de 3,5 *km.* à Richterswyl et une *profondeur* maxima de 143 *m.*

Le lac est sillonné par 14 grands bateaux à vapeur, 4 remorqueurs en fer et 14 remorqueurs en bois et bateaux à charbon ; on y voit aussi quelques petits vapeurs à hélice et beaucoup de bateaux à voile.

Une digue, longue de 1092 *m.*, relie Rapperswyl avec la petite presqu'île de Hurden ; elle contient une voie ferrée, un chemin à voitures et un trottoir pour piétons.

Cette digue a deux ouvertures couvertes par des ponts :

a) le *pont de Rapperswyl* à 175 *m.* de la rive droite du lac ; ce pont a une longueur de 137 *m.* (passage pour de petits bateaux, 7 *m.* d'ouverture, un pont sur pilots avec 5 ouvertures, 45 *m.*, un pont tournant à 2 ouvertures, 40 *m.*, un pont sur pilots avec 5 ouvertures, 45 *m.*);

b) à 225 *m.* de la rive gauche du lac, le *pont de Hurden,* d'une longueur de 97 *m.* (un pont sur pilots avec 10 ouvertures = 90 *m.*, un passage pour de petits bateaux d'une ouverture de 7 *m.*).

La Limmat a, depuis sa sortie du lac de Zurich jusqu'à son embouchure, une *longueur* de 35 *km.*, une *largeur* de 25—80 *m.* et une *profondeur* de 1,5—2,5 *m.* Elle est *navigable* pour de petits bateaux partout où des écluses n'interceptent pas le passage.

Ponts sur la Limmat :

à *Zurich, a*) le pont du quai, en tôle avec tablier en fer zorès, 4 piles et 2 culées, longueur 120 *m.*; *b*) le pont du Münster, en pierre à arches, longueur 82 *m.*; *c*) la Gemüsebrücke, construction en fer, longueur 51 *m.*; *d*) le pont supérieur des moulins, construction en bois, en partie empierrée, longueur 98,5 *m.*; *e*) le pont inférieur des moulins, longueur 141 *m.*; *f*) le pont de la station du chemin de fer, construction en pierre et à arches, longueur 162 *m.*:

à *Wipkingen*, *a*) un pont du chemin de fer avec piles intermédiaires en pierre; *b*) un pont de la route cantonale, construction en fer à grillage avec tablier en fer zorès, longueur 56 *m.*;

à *Höngg*, un pont en fer, comme le précédent, longueur 65 *m.*;

à *Engstringen*, un pont en bois avec voie empierrée, longueur 67 *m.*;

à *Neuenhof*, un pont du chemin de fer;

à *Wettingen*, un pont couvert en bois, long. 39 *m.*;

en *amont de Baden*, un pont du chemin de fer;

à *Baden*, *a*) un pont couvert, en bois, long. 39 *m.*; *b*) un pont en fer avec un pilier noyé, long. 42,5 *m.*;

à *Turgi*, *a*) un pont couvert, en bois, et sur pilots, longueur 39 *m.*; *b*) un pont du chemin de fer à deux voies, construit en pierre avec deux piliers noyés;

à *Vogelsang*, un pont en bois sur pilots, long. 39 *m.*

Affluents :

a) De la *Linth* :

à Schwanden la **Sernft**, venant de la vallée du même nom; elle a un pont en bois à Schwanden;

à Glaris la **Löntsch** venant de la vallée de Klön.

b) Du lac de *Walen* :

la **Seez** qui s'y jette à Wallenstadt, et la **Murg**.

c) Du lac *supérieur* (Obersee) :

l'**Aaa de Wäggithal.**

d) De la *Limmat* :

la **Sihl** : cette rivière a tous les caractères d'un torrent de montagne. Ses sources principales sont dans le canton de Schwyz ; après avoir contourné la montagne du Haut-Rhône, elle longe le pied des pentes Nord-Est de l'Albis et de l'Uetliberg et se jette dans la Limmat à Zurich.

Ponts sur la Sihl :

pont de la *Biber* à l'embouchure de la Biber dans la Sihl ; au même endroit se trouve le pont du chemin de fer ;

à *Schindeleggi, a*) un pont du chemin de fer ; *b*) un pont couvert en bois ;

à *Hütten,* un pont en fer à grillage ;

à *Finstersee,* un pont couvert en bois ;

à *Sihlbrugg,* un idem, longueur 35 *m.*;

à *Langnau,* un pont en construction ;

à *Adliswyl,* un pont couvert, en bois, long. 50 *m.*;

à *Wollishofen,* un pont en fer, longueur 42,5 *m.*;

à *Brunnau* (pont militaire), un pont en fer ;

à la *papeterie d'Enge,* un idem ;

à *Aussersihl, a*) un pont en fer sur 2 piliers, longueur 52 *m.*; *b*) un idem, longueur 52 *m.*;

le *pont du chemin de fer,* à plusieurs voies, sur 4 piliers ;

le *pont de la station du chemin de fer,* construction en fer sur 4 piliers.

La **Reppisch** : elle sort du lac Türler et entre dans la Limmat à Dietikon.

Les principaux passages sur la Reppisch se trouvent à Birmensdorf, en amont du moulin de la Reppisch, et à Dietikon. (Il y a deux ponts à ce dernier endroit, un pont couvert, en bois, et le pont du chemin de fer.)

Entre l'embouchure de l'Aar et la ville de Bâle on trouve encore les affluents suivants :

La **Ergolz** : elle réunit les eaux du versant Nord de la chaîne du Passwang et de la Schafmatt, passe par Liestal et se jette dans le Rhin à Baselaugst.

Les principaux passages sur l'Ergolz sont à *Gelterkinden*, à *Sissach*, à *Liestal*, à *Frenkendorf* et à *Baselaugst*. (A Baselaugst il y a deux ponts, un pour la grande route et l'autre pour la voie ferrée.)

La **Birs** : elle naît à Pierre-Pertuis, reçoit la **Trâme** et se fraye un passage à travers les chaînes du Jura (Cluses de Moutier et de Soyhières) ; puis elle passe entre la chaîne du Blauen et le plateau de Hochwald pour entrer dans la plaine de Bâle et se jette dans le Rhin à Birsfelden.

Les routes et la voie ferrée qui accompagnent la Birs depuis sa source jusqu'à Bâle, changent de rive à tout instant et permettent le passage dans presque toutes les localités situées sur ce cours d'eau.

Les principaux ponts du cours inférieur de la Birs sont :

un pont en fer à *Æsch*, longueur 30 *m.*;
un pont en pierre à *Dornach ;*
un pont en fer à *Mönchenstein*, longueur 30 *m.*;

un pont en bois, sur 2 pilots, passage de la route de Zurich, longueur 43 *m.*;

un pont en bois à *Birsfelden*, longueur 35 *m.*

La **Birsig**, qui se jette dans le Rhin à Bâle.

II. *Le bassin du Rhône.*

Le **Rhône** a ses sources à la Fourca ; il reçoit les eaux du versant Sud des Alpes bernoises, celles des pentes Ouest du massif du Gotbard et par la **Viège** celles des Alpes valaisannes et centrales. A Brigue, où sa largeur est déjà d'environ 30 *m.*, il entre dans une vallée de plus de 1 *km.* de large ; à Martigny la vallée change subitement sa direction Sud-Ouest pour la direction Nord-Est ; elle se rétrécit entre la Dent du Midi et la Dent de Morcles pour s'élargir de nouveau considérablement en aval de St-Maurice.

Le Rhône entre dans le lac **Léman** près du Bouveret et le quitte à Genève pour atteindre la frontière en aval de Chancy.

Longueur du cours du Rhône :

dès sa source (glacier du Rhône) à Brigue,	environ	45 *km.*
de Brigue à Martigny	»	79 »
de Martigny au lac Léman . . .	»	36 »
longueur du lac Léman	»	74 »
du lac Léman à la frontière . .	»	25 »

Largeur du Rhône :

depuis l'embouchure de la Viège au lac Léman, 80—100 *m.*; à St-Maurice, 40 *m.*;

la plus grande *largeur* du lac Léman (entre Morges et Evian) est de 13 *km.*;

de Genève à la frontière, 150—160 *m.*

Dans le Bas-Valais, le Rhône a une *profondeur* de 1,9—2,5 *m.* et en aval de Genève de 2,5 *m.* à 3 *m.*; la plus grande profondeur du lac Léman est de 309 *m.*

Le *courant* du Rhône est impétueux dans sa partie supérieure ; dans le Bas-Valais il atteint une vitesse de 1,5—2 *m.*, et en aval de Genève de 1,6 *m.*

Depuis Brigue le Rhône est *flottable.* Les ports du lac Léman sont desservis par 16 bateaux à vapeur (appartenant tous à des sociétés suisses) et un assez grand nombre de barques à voiles.

Les ports principaux de la rive droite sont : *Nyon, Rolle, Morges, Ouchy, Vevey* et *Villeneuve;* et ceux de la rive gauche : *le Bouveret, Evian* et *Thonon.*

La ville de *Genève* a des débarcadères sur les deux rives.

Ponts sur le Rhône :

a) en amont du lac :

à *Gletsch* (route de la Fourca), trois ponts;

entre *Oberwald* et *Unterwasser,* un pont en bois;

à *Feisch,* un pont en pierre et 2 *km.* plus bas un pont en bois (Nussbaum-Brücke);

entre *Naters* et *Brigue,* un pont en bois ;

entre *Salden* et *Eyholz,* un idem;

entre *Baltschieder* et *Viège,* un pont en fer;

entre *Raron* et *Turtig,* un pont en bois;

à *Niedergestelen,* un idem;

à *Gampel,* un pont en bois ;

à *Tourtemagne,* un idem;

à *Louëche,* un pont en fer pour la route cantonale et un pont du chemin de fer;

entre *Louëche* et *Susten,* un pont en fer;

à *Sierre,* un idem ;
à *Chippis,* un idem ;
à *Chaley,* un idem ;
à *Granges,* un idem ;
entre *St-Léonard* et *Bramois,* un pont en bois ;
à *Sion,* un idem ;
à *Aproz,* un pont en fer ;
à *Riddes,* un pont du chemin de fer et un pont en pierre pour la route ;
à *Saillon,* un pont en bois ;
à *Fully,* trois ponts en bois ;
à *Outre-Rhône,* un pont en bois ;
à *Lavey,* un pont en fer ;
à *St-Maurice,* un pont en pierre à une arche, construit en 1500 ;
à *Massonger,* un pont en fer ;
à *Colombey,* un pont suspendu ;
entre la *Porte de Sex* et *Chessel,* un pont couvert, en bois.

b) En aval du lac :

à *Genève,* le pont du Mont-Blanc, en tôle de fer, sur 11 piliers, longueur 265,5 *m.*; le pont des Bergues, en tôle, sur 11 piles; le pont de l'Isle, en fer ; le pont de la Coulouvrenière, en fer.

Le pont de *Perrey,* en bois sur piles en pierre ; le pont de la *Plaine ;* le pont de *Chancy.*

Affluents du Rhône.

a) Sur la rive droite :

à Tourtemagne, la **Lonza** qui descend de la vallée de Lötschen ;

la **Dala** : elle vient du Balmhorn et parcourt la vallée de Louëche ;

un pont en fer entre Louëche et Inden ;

la **Rièra** (Rawylwasser),
un pont en bois à St-Léonard ;

la **Morge**,
un pont pour la route en aval de Conthey et un pont du chemin de fer ;

la **Lizerne**,
un pont en pierre près d'Ardon et un pont du chemin de fer ;

l'**Avençon**,
un pont pour la route et un pour le chemin de fer près de Bex ;

la **Gryonne**,
un pont pour la route et un pour le chemin de fer en aval des Devens ;

la **Grande Eau**,
un pont pour la route et un pour le chemin de fer à Aigle.

b) *Le lac Léman reçoit :*

la **Venoge**, à *St-Sulpice ;* sa source est à l'Isle, elle reçoit le **Veyron** à la Sarraz. Dans son cours inférieur elle a une largeur de 6-7 *m.* et une profondeur de 1 *m.*;

On trouve des passages sur la Venoge à *La Sarraz, Cossonay, Vufflens, Aclens, Ecublens,* et un avant son entrée dans le lac. La voie ferrée qui descend la vallée passe près de dix fois d'une rive à l'autre ;

la **Morge** qui se jette dans le lac à Morges ;
un pont pour la route et un pour le chemin de fer ;

l'Aubonne dont l'embouchure est près d'Allaman ; elle reçoit comme affluent de droite le **Toleure.**

L'Aubonne a trois ponts : celui de la route de l'Etraz à Aubonne, celui de la grande route qui longe la rive du lac et le pont du chemin de fer ;

la **Promenthouse** qui se jette dans le lac entre Nyon et Gland ;

la **Versoix,** et enfin

l'**Allondon** qui forme pendant une partie de son cours la frontière entre la France et la Suisse et se jette dans le Rhône près la Plaine.

On peut encore citer le **Doubs** comme affluent indirect du Rhône. Passant par Pontarlier et Morteau il atteint la frontière suisse aux Brenets, contourne le Clos du Doubs et rentre en France près d'Ocourt ; se dirigeant ensuite au Sud-Ouest il passe à Besançon et se jette à Verdun dans la Saône qui est, elle-même, un affluent du Rhône.

Passages sur le Doubs :

sur territoire français à *Morteau* et *Villers;* sur la frontière même, à la *Maison Monsieur* (un bac), à *Biaufond,* à *Bief d'Etoz* (pont de la Goule) et à *Goumois.* Enfin sur territoire suisse on le passe à *Soubey, St-Ursanne* et *Ocourt.*

c) Affluents de la rive gauche :

à Grengiols, la **Binna,** qui vient du col de l'Albrun ;

à Brigue, la **Saltine,** qui reçoit les eaux du Monte Léone ;

un pont en bois à *Ganter* ; un pont en fer pour la route et un pont de chemin de fer à *Brigue*.

la **Viège** : elle a deux sources venant toutes les deux du grand massif du Mont Rose ; la Viège de Matter qui passe par les vallées de Zermatt et de St-Nicolas et la Viège de Saas qui suit la vallée de Saas ; ces deux torrents se réunissent à Stalden ;

à *Viège*, un pont couvert en bois ;

la **Tourtemagne**, dont les sources se trouvent au glacier du Weisshorn ;

à Tourtemagne, un pont en pierre ;

la **Ill**,

que la route cantonale franchit sur un pont en bois;

l'**Usence** : elle descend du val d'Anniviers ;

la **Borgne**, réunie avec la *Dixence*, qui entre dans le Rhône en amont de Sion ; la vallée de la Borgne porte le nom de vallée d'Hérens, et celle de Dixence le nom de vallée d'Heremence;

la **Prince** : elle coule dans une gorge d'environ 600 *m*. de profondeur ;

la **Dranse** : elle rejoint le Rhône à Martigny et se divise en 3 branches : la *Dranse d'Entremont* qui se réunit à la *Dranse de Ferret* à Orsières et la *Dranse de Bagne* dans laquelle les deux autres réunies se jettent à Sembrancher ;

On trouve à Martigny un pont couvert en bois et le pont de la voie ferrée ; à Martigny de la Croix un pont en pierre ;

le **Trient:** il se déverse dans le Rhône à Vernayaz ;

à Vernayaz, deux ponts en fer, un pour la route et l'autre pour le chemin de fer ;

la **Vièze,** qui se jette dans le Rhône en aval de Monthey ;

à Monthey, un pont couvert en bois et le pont du chemin de fer ;

Dans le *lac Léman* se jettent :

à St-Gingolph, la **Morge,** qui forme frontière jusque sur la hauteur de la Dent du Viland ;

à St-Gingolph, un pont en pierre ;

la **Dranse :** elle est formée par la réunion de 3 cours d'eau du même nom ; dès la Vernaz elle coule entre des berges très escarpées et se jette, divisée en plusieurs bras, dans le lac près de Thonon ;

un pont à Vougy ;

à Genève le Rhône reçoit encore l'**Arve,** qui vient de la partie Ouest des Alpes centrales et entre sur le territoire genevois à Sierne ;

Passages sur l'Arve :

à *Sierne,* un pont en fer sur piliers en pierre ;
à *Carouge,* un pont en pierre ;
entre *Genève* et *Lancy,* un pont en tôle de fer.

III. *Le bassin du Pô.*

Il se divise en deux parties, l'une appartenant au *lac de Côme* et l'autre au *lac Majeur.*

a) Dans le **lac de Côme** se déversent :

l'**Adda,** qui a comme affluent la **Poschiavina.** L'Adda descend de la Valteline et la Poschiavina vient du district suisse de Poschiavo ;

à *Meschino* et à *Campo Cologno* se trouvent des ponts en pierre sur la Poschiavina ;

la **Meira :** elle descend du val *Bregaglia* ;

un pont sur la Meira à *Promontogno.*

b) Affluents du **lac Majeur :**

le **Tessin :** il a ses sources dans le massif de la Novena (Nufenen) et commence à couler dans la vallée étroite de Bedretto pour entrer en aval de Stalvreto dans la Lévantine, vallée un peu plus large que la précédente, et remarquable par les défilés du Dazio grande et de la Biaschina (en amont de Giornico). Dès l'embouchure du Brenno le Tessin se dirige au Sud pour prendre de Bellinzone à Magadino, sur le lac Majeur, la direction Ouest. Dans la Riviera, (entre Biasca et Bellinzone) comme en aval de Bellinzone le Tessin se divise en plusieurs bras qui inondent fréquemment la vallée.

Longueur du cours du Tessin :

du massif de la Novena à Airolo	18 *km.*
d'Airolo à Biasca	35 »
de Biasca à Bellinzone	22 »
de Bellinzone à Magadino	15 »

Largeur de la rivière :

dans la Léventine 40—50 *m.* et dans son cours inférieur 80—120 *m.*

Le Tessin en temps ordinaire peut être franchi à gué ; son courant est assez rapide jusqu'à Biasca, mais depuis cette localité il se ralentit considérablement.

Les rares petits bateaux qui se trouvent sur le Tessin servent surtout pour la traversée de la rivière.

Le *lac Majeur* possède comme moyens de transport 9 bateaux à vapeur et 19 gabares. Tous ces bateaux appartiennent à des sociétés italiennes.

Ponts sur le Tessin dès Airolo :

le *ponte Sordo,* en pierre, avec 1 pilier intermédiaire, longueur 33 *m.*;

le *pont de Dazio,* en pierre, longueur 20 *m.*;

le *Pont'Alto,* idem, longueur 22 *m.*;

le *pont de Polmengo,* en pierre, avec 1 pilier intermédiaire, longueur 49 *m.*;

le *pont de Faido ;*

le *pont de Chiggiogna ;*

le *pont supérieur de la Biaschina,* en pierre, longueur 24 *m.*;

le *pont inférieur de la Biaschina,* en bois, longueur 23 *m.*;

en amont de *Giornico,* un pont en fer menant à la station du chemin de fer ;

un bac entre Arbedo et Gorduno ;

le *pont de la Toretta* à Bellinzone, en pierre, à arche sur 9 piliers ;

un bac entre Contone et Cugnasco.

Le chemin de fer franchit le Tessin :

à *Stalvredo,* sur un pont en fer à grillage, longueur 50 *m.*;

à *Dazio grande,* sur deux ponts, d'une longueur de 45 *m.* et 30 *m.*;

à *Polmengo,* sur un pont en fer, longueur 65 *m.*;

à *San Pelegrino* (Anzonico), sur un pont en fer, longueur 50 *m.*;

à *Giornico*, sur le pont supérieur et le pont inférieur, longs de 50 et de 90 *m.*; et

en aval de *Cadenazzo*, sur un pont en fer à 5 ouvertures, d'une portée de 50 *m.* chacune.

Affluents du Tessin :

le **Brenno**, qui descend le *val Blegno*. Il a deux sources : l'une vient du *Lukmanier* et l'autre du *Col de Greina;* elles se réunissent à Olivone ;

Ponts sur le Brenno à Olivone, Comprovasco, Ludiano, Loderio et Biasca. Tous ces ponts sont en pierre ; celui de Biasca a une longueur de 85 *m.*

Le chemin de fer franchit la rivière à Biasca.

la **Moësa**, qui vient du *St-Bernardin*, descend la vallée du *Misocco* et reçoit la *Calancasca* du val Calanca ;

Ponts à Grono et près d'Arbedo. A ce dernier endroit le pont de la route a 72 *m.* de longueur et celui du chemin de fer 80 *m.*;

la **Marobbia** : elle naît au San Jorio ;

à Giubasco, un pont pour la route long de 40 *m.* et le pont du chemin de fer.

Affluents du *lac Majeur* sur la **rive droite** :

la **Verzasca** : elle passe par la vallée du même nom et entre dans le lac Majeur non loin de l'embouchure du Tessin ;

un pont en pierre à *Gordola*, long de 25 *m.* et le pont du chemin de fer à 2 ouvertures, chacune d'une portée de 50 *m.*

la **Maggia** : elle naît aux rochers de la Cristallina et se jette dans le lac Majeur près de Locarno.

La Maggia reçoit la **Melezza** réunie à l'**Onsernone** qui descend du val Centovalli ;

ponts sur la Maggia à *Tegna* et à *Solduno ;* ce dernier a une longueur d'environ 330 *m.*

Sur le territoire italien se trouve encore la **Tosa** (Toce) qui vient du *col de San Giacomo* et du *glacier du Gries.* Elle reçoit la **Doveria** dans laquelle se jette le **Krumbach,** venant du *Simplon.*

Sur sa rive gauche le lac Majeur reçoit la **Tresa ;** elle sort du lac de Lugano et forme la ligne frontière sur les 2/3 de son parcours. Entre sa sortie du lac de Lugano et son embouchure dans le lac Majeur elle a une différence de niveau de 74 m.

Longueur du cours de la Tresa, 15 *km., largeur* 40 *m.* et *profondeur* 1,5 *m.*

Il existe un *pont* pour la route et un *pont* pour la voie ferrée sur le *lac de Lugano* à *Melide.*

Ponts sur la Tresa :

à *Ponte Tresa,* à *Monteggio* et sur territoire italien à *Germignago.*

Longueur du lac de Lugano :

de Lugano à Porlezza, 15 *km.*;
de » à Capolago, 11 »
de » à Ponte Tresa, 20 »
sa plus grande *profondeur* est de 278 *m.*

Le lac de Lugano est desservi par 5 bateaux à vapeur.

IV. *Le bassin de l'Adige.*

La Suisse n'appartient au *bassin de l'Adige* que par le petit ruisseau du **Ram** ; il quitte notre territoire en aval de *Münster* pour se jeter à *Glurns* dans l'*Adige*.

V. *Le bassin du Danube.*

L'**Inn** ; il sort du lac de **Sils,** traverse à de courtes distances les lacs de **Silvaplana,** de **Campfèr,** de **St-Moritz** et, après avoir parcouru la Haute et la Basse Engadine, il forme depuis Martinsbrück jusqu'à l'embouchure du **Schergenbach** la frontière entre la Suisse et l'Autriche. C'est dans ce dernier parcours que se trouve le défilé étroit de *Finstermünz* long d'environ 6 km.

Affluents de l'Inn :

la **Flatz,** qui sort du massif de la *Bernina* et se réunit à l'Inn à Samaden ;

le **Spöl,** qui vient de la vallée italienne de *Livigno* et se jette dans l'Inn à *Zernetz.*

L'Inn a sur territoire suisse une *longueur* d'environ 96 *km.*;

sa *largeur* dans l'Engadine supérieure (depuis Samaden) est de 25–40 *m.* et dans l'Engadine inférieure de 40—55 *m.*

Ponts sur l'Inn :

à *Celerina,* à *Samaden,* à *Sol Via,* à *Zernetz* et à *Martinsbrück.*

D. Le relief de la Suisse.

En jetant un coup d'œil général sur la carte de la Suisse on se rend compte à première vue que ce pays se subdivise en trois parties principales, essentiellement différentes les unes des autres et qui sont les Alpes, le Jura et le plateau suisse.

I. *Les Alpes.*

Les *Alpes* couvrent une grande partie et même la plus grande partie du territoire suisse. Leur direction générale se porte à l'Est-Nord-Est. En quittant la Suisse elles se dirigent à l'Est et se relient entre le Danube et la mer Adriatique à d'autres chaînes de montagnes.

Les Alpes se divisent en : *Alpes Occidentales*, *Alpes Centrales* et *Alpes Orientales*. Les Alpes Centrales appartiennent presqu'entièrement à la Suisse et elles atteignent souvent une altitude de 2-3000 m.

On compte sur le sol suisse 4 régions qui sont

bien distinctes les unes des autres au point de vue de la culture, des mouvements du terrain et des communications.

1. La *basse région ;* elle comprend le fond des vallées ; ces vallées, ordinairement traversées par un cours d'eau plus ou moins large, ont une végétation riche et très développée ; on y trouve de nombreuses localités habitées et de bonnes voies de communication, parfaitement praticables pour toutes les armes.

2. La *région des forêts*. Là le terrain est plus mouvementé ; il s'élève du fond des vallées par des pentes raides, accentuées et souvent difficiles. Les arbres de ces forêts sont pour la plupart d'essences résineuses. A l'exception des grandes routes par lesquelles on passe les cols principaux des Alpes, on n'y voit que des chemins à mulets ou des sentiers.

3. La *région alpestre ;* elle se compose surtout de plateaux faiblement inclinés qui fournissent d'excellents pâturages. En été ils sont couverts de troupeaux et on y trouve beaucoup de chalets épars mais qui ne sont pas habités en hiver. Une quantité de sentiers, coupés par les clôtures des alpages, les sillonnent en tous sens.

4. La *région des rochers et des neiges*. Cette dernière région est formée par la partie la plus haute des Alpes ; on n'y voit presque que des rochers abrupts et des glaciers qui ne permettent

le mouvement des troupes que sur les grandes routes des passages alpestres; *tout au plus les* chemins à mulets pourraient-ils à la rigueur servir à la cavalerie et à l'artillerie de montagne. *Au point de vue militaire donc, cette région* peut encore moins être employée que les deux précédentes, qui déjà n'ont d'utilité que pour le *passage* des troupes. Les grandes opérations ne *sont possibles que dans les vallées principales,* dont l'occupation assure la possession des massifs de montagnes qui les entourent.*

Les Grecs et les Romains, qui avant nous connaissaient les alpes, ont donné à quelques chaînes principales des noms spéciaux comme: *Alpes Liguriennes, Alpes maritimes, Alpes Pennines, Alpes Lépontines, Alpes Rhétiennes.*

Dans les temps modernes on a abandonné cette classification. Il est préférable d'adopter le groupement proposé par M. le professeur Studer** qui divise les différents massifs en suivant leurs limites naturelles: les lacs, fleuves, vallées ou arrêtes

a) *Groupes* situés au **Nord** *des vallées du Rhône et du Rhin.*

1. Le groupe du Wildhorn; ce massif est limité à l'Ouest et au Sud par le Rhône, à l'Est par le

* Voir *Kuhn*: la Guerre dans la haute montagne.

** *Annales du Club alpin suisse,* 1869.

col de la Gemmi et au Nord par une ligne qui va de Frutigen à la Grande Eau en passant par Adelboden et le col du Pillon.

Les cimes principales de ce groupe sont : les *Diablerets (3251 m.), le Wildhorn (3268 m.) et le Wildstrubel (3266 m.)*

Le col *du Sanetsch* : il sépare les Diablerets du Wildhorn ; et le *col du Rawyl* sépare le Wildhorn *du Wildstrubel ; ces deux passages* conduisent l'un et l'autre du canton du Valais dans le canton de Berne.

2. **Le groupe des vallées de la Simme et de la Sarine**; il s'appuie du côté Sud à la ligne citée précédemment, du côté Est à la Kander et se continue au Nord-Ouest jusqu'au plateau de la Suisse centrale.

3. **Le groupe du Finsteraarhorn**; il est situé entre le Rhône, le cours supérieur de l'Aar, les lacs bernois et le col de la Gemmi.

Ses sommets principaux sont : le *Finsteraarhorn* (4275 *m.*), le *Vieschterhorn* (4048 *m.*), l'*Aletschhorn* (4198 *m.*), le *Breithorn* (3774 *m.*), le *Wetterhorn* (3708 *m.*), le *Schreckhorn* (4080 *m.*), l'*Eiger* (3975 *m.*), le *Mönch* (4104 *m.*), la *Jungfrau* (4167 *m.*) le *Balmhorn* (3688 *m.*), l'*Altels* (3634 *m.*) et le *Rinderhorn* (3466 *m.*) ; il possède en outre les chaînes calcaires de la *Blümlisalp* (3670 *m.*) et du *Faulhorn* (2683 *m.*)

4. **Le groupe de l'Emme**; il se trouve aux sour-

ces de la grande et de la petite Emme; il est limité au Sud par les lacs de Thoune et de Brienz, à l'Est par la route du Brünig et se relie dans les environs de Buonas à la zone de molasse du Nord. Ce groupe est en grande partie une continuation des chaînes calcaires du groupe de la Simme et de la Sarine. Il a comme sommités élevées: le *Rothhorn de Brientz* (2351 *m.*), le *Hohgant* (2199 *m.*) et le *Pilate* (2123 *m.*)

5. **Le groupe de la Damma;** il prend le nom de sa cime principale ; il est compris entre la ligne Genthal, Joch, Suresnes au Nord, et les cours de la Reuss et de l'Aar à l'Est, au Sud et à l'Ouest. Ce groupe continue celui du Finsteraarhorn et des chaînes calcaires situées du côté septentrional.

Cimes principales : la *Damma* (3630 *m.*), dont la continuation au delà du col du Sousten se nomme le *Titlis* (3239 *m.*)

6. **Le groupe de l'Aa;** il est traversé par les deux Aa d'Unterwalden et limité d'une part par les passages de Joch et de Suresnes et de l'autre par une ligne, allant du lac d'Uri par Brunnen et Rothenthurm à Pfäffikon, au bord du lac de Zurich.

On y remarque : le *Hohenstollen* (2484 *m.*) et l'*Urirothstock* (2933 *m.*) qui sont une continuation du Faulhorn ; puis le *Bürgenstock* et le *Vitznauerstock* qui font suite au Pilate, et plus au

Nord le *Rigi* (1800 *m.*), le *Rossberg* (1582 *m.*), la *Hohe Rhone* (1232 *m.*) et l'*Etzel* (1102 *m.*)

7. **Le groupe du Tödi**; il est limité par la vallée du Rhin antérieur et par celles de la Reuss, de la Schächen, de la Linth et de la Sernft; puis par le *col du Panix* au Sud-Est. Sa formation géologique est la même que celle des chaînes méridionales qui viennent de la Dent du Midi.

Sommités : la *Windgelle*, le *Tödi* (3623 *m.*), le *Bifertenstock* (3189 *m.*) et le *Scheerhorn* (3296 *m.*). Ce groupe est traversé par les cols du Kreuzli, de la Sandalp et du Kisten.

8. **Le groupe de la Sihl**; il est situé entre la vallée de la Linth jusqu'au lac supérieur de Zurich, le Tödi et le groupe de l'Aar. Il se divise en deux parties, séparées par le *Pragel*. La partie la plus haute possède le *Glärnisch* (2913 *m.*), l'autre plus cultivée est traversée par la Sihl et l'Alb.

9. **Le groupe de la Sardona**; il forme la continuation Est du Tödi ; il est limité par les vallées d'Ilanz, de Coire, de Sargans et du lac de Walen.

La vallée de Weisstannen et le col de Foo le séparent en deux parties; celle du Sud est plus élevée que celle du Nord; dans la première partie se trouvent le *Sardona* (Saurenstock) (3056 *m.*), la *Ringelspitz* (3249 *m.*), le *Calanda* (2808 *m.*), les *Graue Hörner* (2847 *m.*) et dans la seconde, le *Spitzmeilen* (2305 *m.*), le *Mürtschen* (2442 *m.*) et le *Schild* (2287 *m.*)

10. **Le groupe du Säntis;** il s'élève entre la Seez, le lac de Walen, la Linth et le Rhin. Sa partie Sud, de formation calcaire est séparée de la partie Nord par la Thour et la Simme. Dans la partie Sud on voit les *Churfirsten* (Selun 2207 *m.*), l'*Alvier* (2363 *m.*) et le *Gonzen* (1833 *m.*); dans la partie Nord, le *Säntis* (2504 *m.*)

Au Sud *de la grande coupure formée par le Rhône et le Rhin se trouvent :*

11. **Le groupe du Chablais et du Mont-Blanc.** Il est limité par le Rhône, le lac Léman, l'Arve et une ligne passant par la vallée de Montjoie, le col du Bonhomme, le petit et le grand St-Bernard, et le Val d'Entremont. Une minime partie seulement de ce groupe est sur territoire suisse. Il est divisé en deux parties par une ligne qui commence à Cluses sur l'Arve et passe par Samoëns, le col de Coux et le Val d'Illiez.

Le groupe du Chablais contient le *Môle*, les *Cornettes*, la *Dent d'Oche*; et le groupe du Mont-Blanc les *Aiguilles rouges*, etc.

12. **Le groupe du Cervin.** Il est placé entre le groupe du Mont-Blanc, le Rhône, la route du Simplon, l'Anza et la Dora baltea. Les deux tiers de ce massif sont sur le territoire suisse.

Ses sommets principaux sont : le *Combin* (4317 *m.*), le *Cervin* (4482 *m.*), le *Mont Rose*

(4638 *m.*), le *Weisshorn* (4512 *m.*), le *Mischabel* (4554 *m.*)

13. **Le groupe du St-Gothard**; il est limité à l'Ouest par le groupe du Cervin, au Nord par les vallées du Rhin et du Rhône, au Sud par la Tosa et le lac Majeur, et à l'Est par le Tessin et la route du Lukmanier.

14. **Le groupe des lacs italiens**; il s'élève entre le lac de Côme et le lac Majeur, entourant ainsi le lac de Lugano. C'est le groupe le plus méridional des Alpes et sa végétation se rapproche déjà de celle d'Italie.

Sommités : le *Tamaro* (1961 *m.*), le *Mont Camoghé* (2226 *m.*) et le *Mont Generoso* (1695 *m.*)

15. **Le groupe de l'Adula**; ses limites sont : à l'Ouest le Lukmanier, au Sud le groupe des lacs, (col du Jorio), à l'Est la route du Splügen et au Nord le Rhin antérieur.

Il a pour cimes principales : l'*Adula* (Rheinwaldhorn ou Piz Valrhein) (3398 *m.*), le *Piz Tambo* (3276 *m.*) et le *Piz Medels* (3203 *m.*)

Les passages les plus importants sont : la route du *Bernardin*, les différents passages aboutissant dans le *Misocco* et les cols de la *Greina*, de *Savien* et du *Valserberg*.

16. **Le groupe de l'Albigna** et de **Disgrazia**; il est enfermé entre le Val Bregaglia, la Valteline, la vallée de Malenco et le col de Muretto.

Cimes : le Monte d'Oro, la Cima di Rossa, la Cima del Largo.

17. **Le groupe de la Bernina** ; il est limité à l'Est par la route de la Bernina et forme un massif tout à part et de peu d'étendue, mais qui rappelle par son altitude et son aspect sauvage le groupe du Finsteraarhorn.

Le *Piz Bernina* a une altitude de 4052 *m*.

18. **Le groupe de l'Ofen**; il se trouve au Nord-Est de la Bernina et sur la rive droite de l'Inn, c'est un massif élevé qui entoure le Val Livigno. On y remarque les cimes de *Casana*, de *Murterol* et le *Piz Umbrail*.

19. **Le groupe du Piz d'Err**; il est situé entre la Flüela, le Val Bregaglia, l'Engadine supérieure, la route du Splugen et une ligne qui va de Thusis à Davos.

Il a pour sommités : le *Piz Vadred* (3234 *m.*), le *Piz Kesch* (3407 *m.*) et *les glaciers de la Cima da Flex* (3206 *m.*).

20. **Le groupe de Silvretta**; il s'étend au loin dans le Vorarlberg. La partie suisse est située entre la route de Davos à Klosters, le col de Schlappina, la Flüela et l'Inn.

Le *Piz Linard* (3416 *m.*), est sa cime la plus connue.

21. **Le groupe de la Plessur**, entre Davos, la Landquart, le Rhin et le Rhin postérieur.

22. **Le groupe du Rhätikon**; il est séparé des groupes voisins par la Landquart et le col de Schlappina et vient aboutir au Rhin par le Falkniss (2566 *m.*). La *Seesaplana* (2968 *m.*) en fait partie.

II. *Le Jura.*

Le *Jura*, comme les Alpes, a son origine en France; il passe par les cantons de Genève, Vaud, Neuchâtel, Berne, Soleure, Bâle, Argovie, Zurich et Schaffhouse et se continue par la *Alb allemande*. Depuis la Birs inférieure, se dirigeant à l'Est, il forme un grand plateau très mouvementé, tandis que dans la partie qui s'étend vers l'Ouest et le Sud-Ouest, il prend la formation en chaînes, comme on le voit dans les cantons de Soleure, Berne, Neuchâtel, Vaud et même encore en Argovie.

Ces chaînes sont souvent interrompues, soit à leur sommet, soit sur leur flanc, donnant ainsi naissance à de petites vallées, nommées *Combes**, dans lesquelles la marne se trouve à fleur de terre ce qui produit une excellente terre arable.

Fréquemment encore les chaînes sont coupées par des vallées transversales, appelées *Cluses*, et à travers lesquelles les eaux se frayant

* Par exemple la Röthifluh, le Chasseral; quelquefois ces Combes se terminent en forme de cirque, comme dans le Creux du Vent.

un passage, forment des défilés importants au point de vue militaire.

Tandis qu'une riche et belle végétation recouvre le *Jura Bâlois et Argovien*, celle du *Jura Neuchâtelois* et *Bernois* est assez pauvre. Ce fait tient à la nature du sol, dont la chaux blanche forme la couche supérieure et dont les nombreuses fissures permettent à l'eau un écoulement presque perpendiculaire.

Comme superficie le Jura occupe le dernier rang dans les trois grandes subdivisions indiquées au commencement de la description orographique. Ses altitudes sont très inférieures à celles des Alpes; par contre le Jura est beaucoup plus riche en voies de communication et elles sont d'un accès plus facile et plus abordable. L'emploi de toutes les armes y est donc possible à quelques restrictions près. Toutefois le Jura ne peut pas être considéré comme favorable à l'action et au déploiement de grandes masses de troupes. Mais il offre une certaine richesse de positions qui, bien utilisées, permettraient parfaitement à la Suisse d'arrêter la marche d'une armée d'invasion.

Il faut commencer l'énumération des nombreuses chaînes et vallées du Jura par le côté Sud-Ouest de la Suisse et citer en premier lieu le **Mont Salève** (1379 *m.*) et le **Mont Reculet** (1720 *m.*), qui sont avec le **Crêt de la Neige**

(1723 *m.*) les plus hautes cimes du Jura. Le **Col de la Faucille** (1323 *m.*) sur lequel passe la grande route par laquelle on allait autrefois de Genève à Paris. **La Dôle** (1678 *m.*); c'est le premier sommet sur territoire suisse et son versant Nord-Ouest descend dans la petite vallée des Dappes. Sur sa partie Nord passe la route qui conduit depuis les Rousses par *St-Cergues* (hauteur du col 1235 *m.*) à Nyon. De la Dôle partent deux chaînes que séparent l'Orbe et le lac de Joux; l'une, celle du **Mont Tendre** (1680 *m.*), sur la rive droite a peu de végétation et montre souvent la roche nue, tandis que l'autre, celle du **Mont Risoux** (1423 *m.*), située sur la rive gauche de l'Orbe, est couverte d'épaisses forêts.

La chaîne du Risoux se termine au *Mont d'Or* (1463 *m.*) (Les eaux du lac de Joux se perdent en terre pour reparaître près de Vallorbes sous le nom de source de l'Orbe. Cette eau se fraie un passage à travers le Jura par une longue Cluse; elle passe sous Ballaigues et les Clées, pour entrer au sortir de la ville d'Orbe dans une plaine marécageuse où elle se réunit au Talent. Depuis ce point elle prend le nom de Thièle.)

La **Dent de Vaulion** (1486 *m.*), le **Mont Suchet** (1591 *m.*), les **Aiguilles de Baulmes** (1553 *m.*) le **Mont Aubert** (1367 *m.*), le **Chasseron** (1611 *m.*) au Sud-Ouest duquel se trouve le petit plateau de Ste-Croix, la **Montagne de Boudry** (1465 *m.*), le

Chaumont (1175 *m.*). Entre ces diverses chaînes de montagne se trouve le Val-de-Travers qui possède de grandes localités habitées et le Val-de-Ruz, riche d'environ trente villages. Dans la Cluse de Pontarlier, sur territoire français, commence la **chaîne du Larmont** (1326 *m.*) dont le pied se trouve dans les vallées hautes de la Brévine, du Locle et de Chaux-de-Fonds. Une autre chaîne sur laquelle est située le hameau de la Côte-aux-Fées s'en va au delà de la Cluse de St-Sulpice par le **Mont Lesi** (1214 *m.*), qui prend plus loin le nom de Crêt de Travers et aboutit, par le cirque de Sommartel, dans la vallée de la Sagne. Entre cette dernière vallée et le Val-de-Ruz la chaîne se continue par le **Mont Racine** (1440 *m.*), la **Tête de Rang** (1423 *m.*) et le **Chasseral** (1610 *m.*), qui est situé au Nord du lac de Bienne ; le pied du Chasseral est arrosé par la Suze. Ce cours d'eau descend du Val de St-Imier, riche de 12 villages, et se jette dans le lac de Bienne après avoir traversé la Cluse de la Reuchenette.

Peu à peu la direction des chaînes et des vallées se tourne du Nord-Est à l'Est.

Le **plateau des Franches-Montagnes.** Il est élevé et très froid. Ses limites sont au Nord-Ouest, la vallée très étroite du Doubs, qui, se heurtant près de St-Ursanne au Mont Terrible, tourne brusquement à l'Ouest. Le chef-lieu du district des

Franches-Montagnes, Seignelégier, a une altitude de 982 *m.*

Le saillant Nord-Ouest de la Suisse, est un plateau mouvementé, que traverse la Alle et dont Porrentruy est la localité la plus importante, Damvant la plus élevée (615 *m.*) Du plateau des Franches-Montagnes se détache la chaîne du **Montoz** (1332 *m.*) qui, se réunissant avec la chaîne du **Chasseral,** se continue par la chaîne du **Weissenstein** jusqu'à Olten. Cette dernière chaîne a comme cimes principales la **Hasenmatt** (1448 *m.*) et la **Röthifluh** (1398 *m.*); elle est traversée par les Cluses de Balsthal et d'Oensingen. Au Nord et parallèle aux chaînes précédentes se trouve le **Graitery** (1340 *m.*) que traverse la route du **Hauenstein** (695 *m.*) et sur le prolongement duquel s'élève la **Gyslifluh** (774 *m.*)

En continuant on rencontre la chaîne du **Raimeux** (1305 *m.*) et la **Hohe Winde** (1207 *m.*) à l'Est de laquelle passe la route qui franchit le **Passwang** (1005 *m.*)

Plus au Nord se trouve la plus longue chaîne du Jura. Elle commence à Besançon par le **Lomont** et porte le nom de **Mont Terrible** entre St-Ursanne et la vallée de la Alle. La route des Rangiers franchit cette chaîne. Entre le Doubs et les Franches-Montagnes elle se sépare en plusieurs branches dont l'une se continue par le **Wiesenberg** (1006 *m.*) pour se terminer sous le nom de **Lägern**, sur la rive droite de la Limmat. Les sommets suivants font partie de cette chaîne :

Les **Ordons** (point culminant des Rangiers, 1000 *m.*), la **Geissfluh** (963 *m.*), la **Wasserfluh** (870 *m.*) et la **Burgfluh** (863 *m*).

Ces chaînes que coupent souvent des Cluses renferment les vallées suivantes :

1. Le **Val de Tavannes** ; il est baigné dans sa partie supérieure par la *Birs* qui y reçoit la *Trâme* ; resserré entre des chaînes de montagnes il se continue à l'Est par les localités de *Welschenrohr*, *Balsthal* et *Holderbank*.

2. La **vallée de Moutier** ; sa partie Ouest porte le nom de *Petit-val*, sa partie Est celui de *Grand-val* ; en remontant le Grand-val on arrive dans le *Guldenthal* qui aboutit à Mümliswyl sur la route du *Passwang*.

3. Les petites vallées d'**Undervelier** et de **Vermes** qui entrent à l'Ouest et à l'Est dans la vallée de Delémont.

4. La **vallée de Delémont** ; c'est la plus grande des vallées jurassiennes et celle qui contient le plus de localités habitées, on en compte une vingtaine environ.

5. La chaîne du **Blauen** (892 *m.*) se trouve tout au Nord près de la frontière ; elle se termine sur la rive droite de la Birs par le plateau de **Gempen-Hochwald**. Cette chaîne enferme, de concert

avec les ramifications des Rangiers, la **vallée de Laufon**, longue d'environ 2 lieues.

Dans la *partie du Jura* qui est formée par une succession de plateaux et dans laquelle les chaînes ne sont pas bien prononcées, se trouvent encore un certain nombre de vallées :

La *vallée de l'Ergolz* avec ses ramifications ; la *vallée d'Oris* et celle de *Reigoldswyl* et de *Waldenburg (Frenke antérieure)* ; ces deux dernières se réunissent en une seule, appelée vallée de *Bubendorf* et aboutissant en amont de Liestal à l'Ergolz; la *vallée de Diegter* entrant à Sissach dans la vallée principale ; la *vallée de Hombourg*, celle de *Zeglingen* qui finit à Gelterkinden, enfin la vallée de *Rothenfluh* (Ergolz supérieure) et la *vallée inférieure de l'Ergolz* en aval de Liestal. On trouve une quantité de villages non seulement dans les vallées, mais sur les plateaux.

Entre l'Ergolz et la Sisseln aboutissent au Rhin : les vallées de *Wintersingen* et de *Buns* qui se réunissent à *Magden ;* la vallée de *Wegenstetten* qui atteint le pied du plateau à Mölin, et la vallée de *Mumpf*, à l'Est de cette dernière. Les vallées de *Wittnau* et de *Wölfliswyl* qui se terminent à *Frick*, celle de *Herznach* en aval de *Densbüren* et celle de *Zeihen* qui finit à *Hornussen* appartiennent au bassin de la Sisseln. A l'Est de la Sisseln se trouvent encore plusieurs petites vallées dans lesquelles sont situés les villages de *Kaisten*, *Sulz* et *Mettnau*. L'*Aar*, après avoir reçu en aval de *Brugg* et de *Windisch* la Reuss et la Limmat, pénètre dans le Jura. Dans la vallée qu'elle forme, aboutissent sur la rive gauche : la vallée de *Mandach*, et sur la rive droite celle de *Surb* dont le commencement est formé par la vallée longitudinale de *Wehn*.

Sur la rive droite du Rhin il faut citer les vallées du **Randen** qui s'étendent jusqu'à la ville de Schaffhouse ; ce sont celles du *Klettgau*, de *Hemmen*, de *Merishausen* et de *Herblingen*.

III. *Le plateau suisse.*

Le territoire qui se trouve situé entre le versant Sud-Est du Jura et le pied Nord-Ouest des Alpes est un bras de la mer de molasse qui, venant du Sud de la France, s'étend entre les Alpes et le Jura. Il se prolonge jusque dans la contrée de Munich et de Vienne pour se réunir à un autre bras de cette mer qui couvre la grande plaine de Hongrie.

Le plateau suisse forme un carré long, irrégulier, dont les côtés sont les Alpes, le lac de Constance, le Jura et le lac Léman. Le terrain s'abaisse depuis le pied des Alpes jusqu'à la partie de l'Aar qui longe le pied du Jura. Un grand nombre de cours d'eau, plus ou moins encaissés, descendent le long de cette pente, divisant le plateau en une série de secteurs, importants au point de vue militaire.

Cette partie du territoire suisse est la plus habitée ; elle est traversée par de bonnes routes et de nombreuses voies ferrées. D'un côté l'industrie, de l'autre l'agriculture fournissent au pays des ressources considérables.

Dans ces conditions le plateau suisse offre beaucoup d'avantages soit pour le séjour de grands corps de troupes, soit pour leurs mouvements.

Son occupation militaire est donc une question essentielle et un sujet d'étude sérieux pour la défense de la Suisse.

Au Nord du lac Léman s'élève le **Jorat** dont le versant Sud est couvert de grands vignobles ; il s'abaisse peu à peu du côté Nord pour finir dans les marais du *Seeland*. L'espace situé entre le Jura et la Sarine inférieure forme un plateau très boisé, traversé par de petites chaînes de collines et arrosé par des ruisseaux fortement ravinés. Un seul massif de montagnes, le **Gibloux** (1203 *m.*) domine le terrain au Nord de *Bulle*.

A côté du Seeland *(marais d'Aarberg)*, des plaines marécageuses s'étendent aux extrémités Sud-Ouest des lacs de Neuchâtel et de Morat. A l'Est de la Sarine le terrain s'élève rapidement jusqu'à la vallée transversale de l'Aar et les contreforts des Alpes bernoises.

Entre l'Aar et la Reuss, dans la partie Ouest du grand plateau Suisse, on trouve tantôt des plaines, tantôt des collines à pentes douces. Elles n'atteignent en général qu'une hauteur de 4-500 *m.* à l'exception de celles situées entre l'Aar et la Emme, dont l'altitude va jusqu'à 960 *m.*, et celles entre l'Emme et la Wigger qui arrivent dans le **Napf** à 1408 *m.* de hauteur.

Toutes les vallées importantes qui aboutissent à l'Aar sont larges, souvent marécageuses et elles contiennent parfois de petits lacs.

Entre la Reuss et le lac de Constance on trouve plusieurs chaînes de montagnes parallèles au lac de Zurich et au lac de Constance. Ce sont :

a) **La chaîne de l'Albis** (Bürglen 918 *m.*); elle est étroite avec des pentes raides et déchirées et s'abaisse peu à peu dès l'**Utliberg** (872 *m.*) dans la direction Nord-Ouest; les collines entre la Sihl et le lac de Zurich sont très bien cultivées.

b) **La chaîne du Pfannenstiel** (853 *m.*) qui se trouve sur la rive droite du lac de Zurich et de la Limmat; elle s'étend jusqu'à Würenlos. *(Zurichberg 679 m., Altberg 635 m.)*.

c) **La chaîne de l'Allmann**; elle s'étend entre la Glatt et la Töss et finit près Eglisau. Elle est séparée de la chaîne du Pfannenstiel par la vallée souvent marécageuse de la Glatt. Sommets principaux : l'*Allmann* 1083 *m.* et le *Bachtel* 1119 *m.*

d) **La chaîne du Hörnli** entre la Töss et la Thour; c'est la plus large et la plus haute du centre du plateau suisse et celle qui a le plus de ramifications. (Kreuzegg 1317 *m.*). Séparée du Speer par le col de Ryken (Hummelwald), elle s'abaisse peu à peu jusqu'aux collines qui environnent Winterthur. La seule sommité un peu considérable de ces parages est la montagne abrupte et boisée du *Irchel* (860 *m.*)

e) Entre la Murg et la Thour se trouve une contrée montagneuse d'une altitude d'environ 750 *m.*

f) **La chaîne du Seerücken** qui est située entre la Sitter, la Thour et le lac de Constance ; peu mouvementée mais d'une certaine longueur, elle atteint sa plus grande altitude près de Steckborn (717 *m.*)

E. Les voies de communications.

Il serait difficile de faire une énumération détaillée des *voies de communications* qui sillonnent la Suisse en tous sens, et sur le plateau surtout cette tâche serait impossible.

Par contre, l'indication des ponts etc. (voir 4me partie) contenue dans ce volume est assez complète ; elle était d'autant plus nécessaire que les cartes de la Suisse à petites échelles donnent un grand nombre de routes, mais sont très peu exactes et très peu explicites en ce qui concerne les moyens de passage des rivières et négligent presque toujours de spécifier le genre de construction des ponts qu'elles indiquent. Un autre avantage résulte de l'exacte énumération des ponts, c'est que partout où on en trouve des désignés, on peut supposer l'existence de routes et de chemins, tandis que le contraire ne serait pas toujours vrai.

Le tableau qui se trouve à la fin de cet opuscule ne contient que les routes principales, avec l'indication des distances kilométriques entre les localités citées ou entre ces dernières et la frontière.

Sur ce tableau figurent :

en *premier lieu* les *routes* qui, partant du Sud-Ouest de la Suisse, traversent le plateau dans toute sa longueur ; elles sont la plupart du temps parallèles les unes aux autres ;

en *second lieu* les *communications transversales* qui relient entre elles les routes citées plus haut ;

enfin les *routes perpendiculaires* aux communications parallèles ou transversales et conduisant dans un des pays frontière.

Les **chemins de fer** qui ont à peu près la même importance, au point de vue militaire, que les routes, se subdivisent comme celles-ci en :

1. *Lignes principales* qui traversent le plateau suisse le plus souvent dans la direction Nord-Est ; elles sont plus ou moins parallèles les unes aux autres et se réunissent parfois en une seule ;

2. *Lignes transversales* et *embranchements ;* elles relient les divers points des lignes principales et se dirigent dès celles-ci vers la haute montagne surtout quand une vallée principale vient aboutir au plateau ;

3. *Lignes perpendiculaires ou lignes pour le raccordement international ;* elles partent des lignes principales et se dirigent vers la frontière qu'elles franchissent.

A la 1re *catégorie* appartiennent :

a) *La ligne extérieure :* **Lausanne 38 km Yverdon 37 km Neu-**

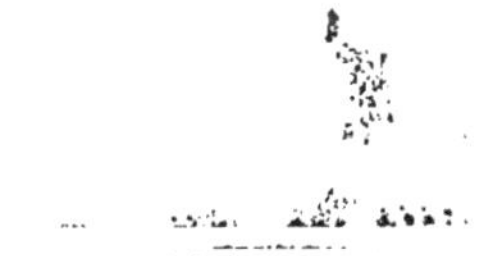

châtel 32 km Bienne 26 km Soleure 35 km Olten 14 km Aarau 28 km Baden 27 km Bülach 17 km Winterthour.

b) *La ligne du milieu :*

Lausanne { 14 km Echallens.
Lausanne { 59 km Payerne 44 km Lyss 25 km Soleure.

Berne 23 km Berthoud 17 km Herzogenbuchsee 28 km Olten.

Zofingue 12 km Lenzbourg 16 km Baden 23 km Zurich 27 km Winterthour.

c) *La ligne intérieure :* Lausanne 24 km Romont 26 km Fribourg 32 km Berne 38 km Langnau 57 km Lucerne 28 km Zoug 39 km Zurich.

A la 2e *catégorie :*

a) *Les transversales :* Yverdon 28 km Payerne 23 km Fribourg.

Bienne 11 km Lyss 24 km Berne.

Soleure { 21 km Berthoud.
Soleure { 14 km Herzogenbuchsee.

Olten 9 km Zofingue 47 km Lucerne.

Aarau 5 km Suhr.

Lenzbourg 43 km Emmenbrücke.

Ruppersweil 23 km } Muri 18 km Rothkreuz.
Baden 35 km } Muri 18 km Rothkreuz.

Wettingen 34 km Effretikon.

Oerlikon 9 km Oberglatt.

b) *Les embranchements :*

Lausanne 52 km } St-Maurice 42 km Sion 52 km Brigue.
Bouveret 23 km } St-Maurice 42 km Sion 52 km Brigue.

Romont 19 km Bulle.

Berne 31 km Thoune.

Zurich { 25 km Waedenswyl { 34 km Einsiedlen.
                                      34 km } Ziegelbrücke { 11 km Glaris 16 km Linthal.
           { 43 km Rapperswyl 15 km }   { 36 km Sargans 24 km Coire.

Et à la *troisième :*

Lausanne { 61 km Genève
             { 24 km La Sarraz 23 km Vallorbes 25 km } Pontarlier.
Neuchâtel { 40 km Verrières 13 km } Pontarlier.
               { 30 km } Chaux-de-Fonds 8 km Locle-Morteau.
Bienne { 46 km } Chaux-de-Fonds
          { 51 km Delémont 29 km Porrentruy 12 km Delle.

Olten 40 km } Bâle { Mulhouse.
Brugg 58 km }   { Fribourg en Brisgau.

Turgi 18 km Waldshut.

Bülach 33 km Coblence.

Winterthour { 30 km Schaffhouse { Waldshut.
                       { 32 km Etzweilen { 14 km { Singen
                                              { 30 km Constance 20 km } Romanshorn 16 km } Rorschach
                       { 40 km Singen { 16 km } Romanshorn
                                              { 23 km Gossau 23 km St-Gall 13 km } Rorschach

Rorschach 14 km } St Margarethen-Lindau.
Sargans 17 km Buchs { 39 km } St Margarethen-Lindau.
                              { — Feldkirch.

Rothkreutz $6,_5$ km Immensee 32 km Flüelen $38,_7$ km Göschenen 15 km.

15 km Airolo $45,_8$ km Biasca 20 km Bellinzone { 21 km Locarno.
                                                            { Lugano 26 km Chiasso-Come.

F. Les frontières suisses au point de vue militaire.

Malgré l'exiguité de son territoire, la Suisse ne manque pas d'une certaine importance au point de vue militaire, vis-à-vis des Etats avoisinants. Elle peut servir de porte latérale, par laquelle l'armée d'un de ces Etats s'ouvrirait un chemin vers l'ennemi, en évitant les abords directs et bien défendus de son adversaire. Une armée venant de l'Ouest, par exemple, pourrait marcher contre le Danube en passant par la Suisse et éviter ainsi la ligne fortement défendue du Rhin ; ou bien, traversant les Alpes, tomber dans la plaine du Pô, ce qui lui permettrait de tourner les barrières militaires qui séparent l'Italie de la France. Dans le cas d'une armée venant au contraire du Sud ou du Nord, elle n'aurait qu'à prendre les mêmes directions pour envahir les vallées de la Saône et de la Seine.

Aussi les grands Etats, nos voisins, n'ont jamais perdu de vue l'importance militaire que donne à la

Suisse sa situation au milieu d'eux. Les décisions prises au congrès de Vienne en sont la preuve. Non seulement les Etats signataires accordèrent à la Suisse la *neutralité*, qui depuis des siècles formait la base de sa politique extérieure (*), mais ils lui garantirent les nouvelles frontières qui lui avaient été données, et déclarèrent que *sa neutralité*, l'*inviolabilité de son territoire* et *son indépendance de toute influence étrangère*, étaient d'un intérêt de premier ordre pour les Etats européens.

En étudiant la valeur militaire des 4 frontières suisses, il ne faut pas seulement considérer leurs *lignes proprement dites*, mais il faut jeter un coup d'œil sur les *territoires étrangers* qui avoisinent nos limites, ainsi que sur le terrain qui se trouve situé *immédiatement derrière* leurs fronts.

1. *Le front Ouest.*

De l'autre côté de notre *frontière Ouest* se trouve la riche vallée de la *Saône* et celle du *Doubs ;* cet espace semble tout indiqué pour servir de *base d'opération* à une armée *française*, dans le cas d'une attaque contre la Suisse Cette base d'opération, pourvue d'une ligne de chemin de fer, parallèle à la frontière et reliant entre elles les places fortes de *Lyon, Besançon* et *Belfort*, communique avec l'intérieur de la France

(*) Bluntschli : le droit public suisse I. 29. (Schweiz Staatsrecht).

par de nombreuses voies ferrées, et d'autre part, différentes *lignes d'opération* s'en détachent et conduisent perpendiculairement à la frontière suisse.

Cette partie du territoire français possède dans la direction Nord-Est, c'est-à-dire dans l'espace contenu entre les Vosges et le Jura, une barrière très bien fortifiée. De la frontière suisse jusqu'à Belfort on a élevé des travaux de défense dans toutes les places susceptibles d'en recevoir et leur canon commande toutes les voies de communication qui ont une importance militaire.

Les deux premiers forts se trouvent à environ 3 km. de la frontière suisse, sur les hauteurs à l'Est de *Blamont* et au Nord de *Chamesol ;* les deux suivants ferment la Cluse de *Pont de Roide* et deux autres couronnent les hauteurs de *Bart* et de *Sochaux* au Sud-Ouest et au Nord-Est de *Montbéliard*. Le fort du *Mont Vaudois,* au Nord de *Héricourt* se relie aux travaux avancés de *Belfort*. Un nouveau fort est projeté à *Morteau*. Plusieurs ouvrages de défense se trouvent plus au Sud devant le front Ouest ; ce sont : les forts de *Joux,* du *Larmont* et de *St-Antoine ;* ils commandent les routes partant de *Pontarlier ;* puis le fort de l'*Ecluse* qui ferme la route conduisant du lac Léman dans la vallée inférieure du Rhône, enfin le fort des *Rousses* construit déjà en 1840, mais considérablement augmenté dès lors. Depuis les Rousses plusieurs routes conduisent en Suisse.

La *frontière Ouest* de la Suisse est tracée, par rapport au *Jura,* de façon à donner l'aile droite de ce dernier en entier à la Suisse ; au centre il est partagé également entre les deux pays voisins, tandis que l'aile gauche appartient complètement à la France ; la frontière s'écarte même tellement des pentes Sud-Est du Jura, que le pays français de Gex s'avance jusque sur le plateau suisse.

Immédiatement à l'Est du Jura s'étend le lac Léman ainsi que la ligne de l'Aar, jusqu'au Rhin ; cette ligne, avec sa continuation au Sud par les vallées de l'Orbe et de la Venoge, forme la base de la défense du Jura et en même temps une barrière contre l'envahissement du plateau.

Les lacs de Neuchâtel et de Bienne qui sont des obstacles absolus au mouvement des troupes divisent cette ligne de défense, de concert avec le Rhin et le lac Léman, en trois intervalles ; un *grand* intervalle entre le lac Léman et le lac de Neuchâtel, un plus *petit* entre le lac de Neuchâtel et celui de Bienne et un *troisième* depuis ce dernier jusqu'au Rhin

Les voies de communication suivantes vont depuis la France dans le *premier* de ces intervalles :

1. La *route de la vallée du Rhône*, depuis *Lyon* par le *fort de l'Ecluse* à *Genève ;*

2. La *grande ligne d'opération française*, dès *Besançon* au *Fort des Rousses*, où se trouvent les ramifications suivantes :

a) la route par la *vallée des Dappes* et le *col de la Faucille* dans le *Pays de Gex ;*

b) la route par le *col de St-Cergues* à *Nyon,* au bord du lac Léman ;

c) la route qui se dirige vers la *vallée de Joux,* franchissant la frontière à *Bois-d'Amont* et se divisant de nouveau en 4 branches :

a) du *Brassus* par le *Marchairuz* à *Bière* et *Aubonne* ou à *St-Georges* et *Burtigny* ;

b) du *Brassus* au *Pont* et par la *Petra Félix* à *Cossonay ;*

c) du *Brassus* au *Pont* et par *Vaulion* et *Romainmôtier* à la *Sarraz ;*

d) du *Brassus* au *Pont* puis à *Vallorbes* et *Orbe.*

3. La route de *Besançon* par *Pontarlier* et *Jougne* dans la *vallée de l'Orbe*;

4. Celle depuis *Pontarlier* par *Ste-Croix* à *Yverdon.*

Dans le *second* intervalle conduisent :

1. La route de *Pontarlier* par *Ste-Croix* dans le *Val de Travers* et à *Neuchâtel ;*

2. Celles de *Besançon* ou de *Beaume les Dames* } à *Morteau* et depuis cet endroit soit par les *Ponts* soit par la *Chaux-de-Fonds* à *Neuchâtel;*

3. Celle de *Montbéliard* par *St-Hippolyte-Maiche* et le *Pont de Biaufond* à la *Chaux-de-Fonds;*

4. Celle de *St-Hippolyte* par *Trévilliers* et *Bief*

d'Etoz aux Bois et de cet endroit par la *Cibourg* à *Neuchâtel* ou à *Neuchâtel* aussi par *Goumois-Seignelégier-St-Imier* et *Dombresson.*

Dans le *troisième* intervalle aboutissent :

1. La route de *Morteau* par la vallée de *St-Imier* à Bienne ;

2. Celle de *St-Hippolyte-Seignelégier-Tavannes-Bienne ;*

3. Celle de *St-Hippolyte* à *St-Ursanne* et de là à
Glovelier-Tavannes ;
Delémont ;

4. Celles de :
Montbéliard
Belfort
à *Porrentruy*
St - Ursanne, etc.
Delémont et
de *Delémont* à
Moutier - Tavannes-Bienne
Moutier-Gänsbrunnen
Courchapoix-Mümliswyl
Oensingen ;

5. Celle de *Belfort à Delle* :
Porrentruy - Lucelle ;
Pfirt (sur territoire allemand)
Bâle ;

6. Celle de *Belfort* à *Altkirch* (territoire allemand) et *Bâle*;

7. Celles de *Bâle* à
Hauenstein-Olten ;
Frick
Staffelegg-Aarau ;
Bötzberg-Brugg ;

8. La route qui longe la *rive gauche du Rhin*

avec ses différentes ramifications conduisant dans la *vallée inférieure de l'Aar.*

Si l'on veut apprécier ces différentes voies d'accès en Suisse d'après leur valeur militaire, il faut de nouveau se reporter à la situation du Jura par rapport à la frontière.

L'aile gauche du Jura appartenant à la France, comme il a été dit plus haut, n'occupe sur le territoire suisse qu'un espace très minime et ne peut être défendu que sur quelques points isolés.

Entre le fort de l'Ecluse et le fort des Rousses la crête de la montagne domine jusqu'au lac Léman d'un côté, jusqu'à la Venoge et à l'Orbe de l'autre, un terrain complètement découvert, par conséquent favorable à un déploiement de troupes. La route de la vallée du Rhône, les passages de la Faucille et de St-Cergues rendent faciles l'approche de troupes françaises, qui isoleraient ainsi Genève du reste de la Suisse, pendant que les routes de Jougne et de Ste-Croix menacent sérieusement l'aile droite de ce premier intervalle.

Par contre les voies de communication venant de France et se dirigeant sur l'intervalle entre les lacs de Neuchâtel et de Bienne, offrent les difficultés d'un parcours assez long à travers les chaînes du Jura. La marche de l'agresseur serait d'autant plus difficile que le terrain, dans ces parages, se prête déjà fort bien à la défense et que les routes aboutissant à la forte position de la Thièle ne lui permettrait pas le moindre déploiement de ses forces. En outre, la Thièle ne peut pas être tournée et elle est soutenue en arrière par une seconde ligne de défense.

Dans le troisième intervalle, entre le lac de Bienne et le Rhin, les conditions pour le débouché de troupes ennemies sont encore moins favorables que dans l'intervalle précédent ; les mêmes difficultés, rencontrées à la Thièle, se présentent à Bözingen, Soleure, Oensingen et Olten. Le Jura, dans cette contrée, occupe de toute sa largeur le territoire suisse. Il faudrait donc beaucoup de temps pour le traverser. La défense des voies d'accès peut très facilement se faire par des détachements avancés, et l'ennemi n'a à sa disposition aucune communication transversale tant qu'il n'occupe pas la vallée de Moutier.

A l'extrémité Nord-Est du Jura, l'armée de l'agresseur trouverait des conditions plus favorables en prenant les routes de la Staffelegg, du Bötzberg et du Gaisberg, parce qu'elles traversent une partie moins élevée du Jura et menacent gravement la défense de la ligne de l'Aar.

Un passage important qu'il ne faut pas omettre de mentionner est celui des *Rangiers*, où se réunissent les principales communications venant de France et conduisant sur la ligne de l'Aar.

Il résulte de ce qui vient d'être exposé, en faisant entrer en ligne de compte les conditions de défense du plateau suisse proprement dit, que la *situation de Genève*, par rapport à ses lignes de retraite, ou à un isolement éventuel de son territoire, est très défavorable. En 1815, pour remédier à cet inconvénient, on a accordé à la Suisse le droit d'occuper militairement la *Savoie septentrionale* (*). Ce droit donne aux troupes suisses défendant Genève une meilleure ligne de défense et de retraite ; la retraite pouvant se faire par la plaine située entre l'*Arve* et la *Dranse*, trouve un excellent point d'appui dans la position qui s'étend dès le point de réunion des *trois Dranses* jusqu'à *Thonon*. En outre, ce droit d'occupation accordé à la Suisse lui permet de défendre le *passage du Simplon* en *Savoie*, au lieu d'être obligée de le défendre en Valais.

Les communications suivantes conduisent depuis la *Savoie* dans la vallée du *Rhône :*

1. La route de la *rive gauche du lac Léman ;* depuis *Thonon* elle est accompagnée d'une voie ferrée ;

2. Le chemin par le *Pas de Morgins* (1411 *m.*) et les chemins à mulets du *Col de Coux* (1975 *m.*) et du *col de Chèsery* (1970 *m.*)

(*) Le traité de Paris du 20 novembre 1815 s'exprime à peu près en ces termes : Les puissances signataires *garantissent* la neutralité à la partie du territoire savoisien, qui, sous ce dit rapport de neutralité, a été assimilé à la Suisse lors du congrès de Vienne, le 29 mars 1815.

Ces voies de communication relient la vallée de la *Dranse* avec *Monthey*.

D'autres chemins encore aboutissent dans la vallée du Rhône, en amont du défilé de St-Maurice, ce sont :

1. Les sentiers très difficiles du *col de Tanneverge* (2479 *m.*) et du *col de Sageron* (1410 *m.*), venant de la vallée de *Sixt* et

2. Le chemin par le *col de Montets* (1445 *m.*), praticable seulement pour de petites voitures.

Ce chemin, qui vient de la vallée de *Chamounix*, se bifurque peu après son entrée en Suisse ; un de ses embranchements se dirige vers *Vernayaz*, l'autre par le *col de la Forclaz* sur *Martigny ;* le passage par le *col de Balme* (2204 *m.*) rejoint ce dernier dans la vallée du Trient.

Comme *ligne de défense* sur le plateau suisse se trouve en premier lieu la ligne formée par l'*Orbe* et la *Venoge*. Elle est située entre le lac Léman et le lac de Neuchâtel ; dominée au centre par le *plateau d'Echallens*, elle appuie son aile droite à Yverdon ; les marais qui se trouvent devant le front de cette aile et les hauteurs qui accompagnent les rives droites de l'Orbe et de la Thièle la rendent particulièrement favorable à la défense. Entre *La Sarraz* et le *lac Léman* cette ligne est plus facile à attaquer parce que la Venoge ne peut pas opposer un obstacle sérieux au passage des troupes.

En arrière de cette première ligne se trouve celle d'*Oron-la-Ville-Moudon-Payerne ;* la rive droite de la *Broye* est relativement forte et devant son aile droite s'étend la plaine marécageuse de la *petite Glâne.*

Une *troisième* ligne de défense est formée par le cours profondément encaissé de la *Sarine,* dont la partie supérieure est protégée par la chaîne du *Moléson.* Un point très important de cette ligne est le *pont de Gümmenen,* auquel aboutissent les principales communications venant du centre du front Ouest

Vient *ensuite* la ligne de la *Singine ;* elle s'appuie à gauche à la *Berra* et se réunit à celle de la Sarine à *Laupen.* Les rives de la Singine sont plus abordables que celles de la Sarine. Les points importants pour la défense sont *Laupen, Neuenegg* et *Guggisberg.*

Mais la principale ligne de défense de toute cette zone est formée par *l'Aar* et va depuis *Thoune* jusqu'à *Coblence.* L'Aar dans ce parcours est assez considérable pour nécessiter des préparatifs de toute nature dans le cas où l'on voudrait forcer le passage. Cette ligne, s'appuyant à droite au *Rhin,* à gauche à la *haute montagne,* ne peut être attaquée que de front. Les voies de communication sont très nombreuses des deux côtés de la rivière, mais c'est surtout sur la rive droite qu'elles offrent de grandes facilités pour le mouvement des troupes.

La ligne de l'Aar se subdivise en deux parties ; l'une va de *Thoune* à *Aarberg* et l'autre d'*Aarberg* à *Coblence*.

La *première* est protégée contre un mouvement tournant de l'ennemi, à *droite* par le *lac de Bienne* et le *grand marais d'Aarberg* et à gauche par les Alpes ; elle fait front dans la direction Sud-Ouest et peut servir de position de repli aux colonnes qui se retireraient par Payerne et Fribourg.

La *seconde partie* suit directement le *pied du Jura* ; elle empêche le déploiement des colonnes ennemies à leur sortie des défilés et entrave les préparatifs pour le passage de la rivière. L'extrême droite, comme cela a été dit déjà, présente des conditions un peu plus favorables à l'adversaire.

L'aile gauche du *premier sous-secteur* s'appuie sur *Thoune*, où se réunissent les routes venant du *Simmenthal*, de l'*Oberland bernois* et du *Valais ;* au centre est située la ville de *Berne*, riche en ressources de toute nature et où aboutissent 4 voies ferrées importantes, ainsi que toutes les grandes routes qui traversent le plateau ; à *l'aile droite* est *Aarberg* où se concentre la défense de la Suisse centrale.

L'importance de la situation d'Aarberg a été

reconnue de tout temps; cette ville a été fortifiée en 1830; dès lors ses fortifications ont été augmentées mais auraient encore besoin de grandes améliorations pour pouvoir être employées en cas de guerre.

Sur le *front Nord-Ouest de la ligne de l'Aar* sont situées les villes de :

a) Soleure, entre le pied du Jura et le Bucheggberg, menaçant les débouchés de Bienne et Oensingen;

b) Aarbourg, qui offre un emplacement favorable, au point de vue tactique, pour commander à grande distance les vallées de l'Aar et de la Wigger;

c) Olten, point de réunion des chemins de fer venant de la Suisse orientale et occidentale, de Bâle et de Lucerne. Olten est de toute importance comme point de départ des routes conduisant à Lucerne et dans les Alpes ;

d) Aarau, où la route par la Staffelegg rejoint l'Aar;

e) Brugg, au *confluent de l'Aar*, de la *Reuss* et de la *Limmat*, par conséquent sur la ligne de séparation des champs stratégiques Aar-Limmat et Limmat-Rhin; c'est dans les environs de Brugg qu'aboutissent les lignes d'attaque dirigées contre le cours inférieur de l'Aar.

Dans le cas où l'armée suisse serait forcée d'abandonner la ligne de l'Aar, son arrière-garde trouverait de nouveau une position favorable derrière la ligne de *l'Aar et de la Reuss*, qui s'appuie à gauche au lac des Quatre-Cantons et à droite au Rhin.

Et si la ligne de la Reuss devait aussi être évacuée, la ligne de la *Limmat* et de *l'Aar* permettrait encore aux occupants une résistance opiniâtre. Elle s'appuie à gauche à la ville de Zurich (*) et ne manque pas d'une certaine valeur ; sa petite étendue remédie un peu à l'insuffisance de la Limmat comme barrière militaire.

Enfin, comme dernière ressource, il resterait encore la *haute montagne* dans laquelle l'armée suisse pourrait se retrancher et continuer de là la défense du pays ; mais il faudrait avant tout en fortifier les entrées.

II. *Le front Sud.*

Le versant Sud des Alpes, qui se termine dans la plaine de la Haute-Italie, s'étend sur une largeur de 40 à 45 lieues devant l'aile gauche et l'aile droite du front Sud, c'est-à-dire devant le canton des *Grisons* et celui du *Valais* ; au centre de ce front, entre le lac de Come et le lac Ma-

(*) Il n'est guère probable que l'ennemi tentât de forcer le passage du canal de la Linth à cause des montagnes qui empêchent les opérations de grands corps de troupes et à cause du lac de Zurich qui forme un obstacle absolu.

jeur, le canton du *Tessin* s'avance en forme de coin jusque dans la plaine du Pô.

En supposant le cas d'une *agression italienne*, si l'on cherche quelle place occuperait la *base d'opération de ce pays* dans la plaine lombarde, sans trop s'écarter de la frontière suisse, on la trouve évidemment désignée par la ligne *Bergame-Milan-Vercelli-Turin-(Ivrée)*. Ces différentes villes sont reliées entre elles par une voie ferrée, à laquelle aboutissent de nombreux chemins de fer venant de l'intérieur du pays; tandis que de cette ligne principale, partent un certain nombre de routes et aussi de voies ferrées qui conduisent aux quelques passages, par lesquels on entre en Suisse. Ces passages seront étudiés en même temps que les différents secteurs du front Sud.

La grande coupure formée par la vallée du Rhône et celle du Rhin antérieur fournit la *base d'opération* pour la défense de notre front Sud. Le versant Nord de ces vallées constitue un obstacle stratégique très puissant contre une invasion venant du Sud, car il ne peut être franchi par les différentes armes qu'à trois endroits seulement : au centre et à l'extrémité des deux ailes.

a. *L'aile droite.*

Le terrain qui s'étend sur la rive gauche du

Rhône est un pays montagneux, sauvage et accidenté. On y trouve entre le Mont-Blanc et le massif de la Novena environ 15 cols de montagne, chemins à mulets et sentiers qui conduisent dans la vallée du Rhône. Les principaux passages qu'on rencontre en partant de l'Ouest sont :

1. Le *col de Ferret* (2492 *m.*), le *col de la Peulaz* (2536 *m.*) et le *col du Band'arrey* (2695 *m.*) allant du *Val Ferret* à *Martigny*.

2. Le *col du St-Bernard* (2472 *m.*), avec une bifurcation qui passe par le *col de Fenêtre* (2699 *m.*) et une autre qui passe par le *col de Menouve* (2768 *m.*) ; ces trois passages établissent la communication entre *Aoste* et *Martiguy*.

3. Le *col de Fenêtre* (2230 *m.*), qui traverse les glaciers et conduit d'*Aoste* par *Valpeline* à *Chable* et *Martigny*.

4. Le *col de Collon* (3130 *m.*) qui passe par les glaciers d'Arolla et descend à *Sion*.

5. Le *col de St-Théodule* (3322 *m.*), reliant *Châtillon* à *Zermatt*. Non loin du sommet de ce col et sur le versant Sud se trouve une Cantoniera, construite sur les restes d'anciennes fortifications.

6. Le *col du Monte-Moro* (2862 *m.*) ; ce passage était déjà connu dès les temps anciens et les Maures s'en servirent pour faire irruption en Valais. Sur le côté valaisan, près du sommet,

on trouve les restes en maçonnerie d'un chemin à mulets. Ce col conduit de *Macugnaga* à *Viège.*

Un peu à l'Est se trouve le passage peu fréquenté *dei Mondelli* (2841 *m.*).

7. Le *Simplon* (2010 *m.*); il fut franchi du temps des Romains; sous la domination française, de 1800 à 1805, fut construite la première route pour passer cette montagne. — La frontière s'avance à cet endroit assez loin sur le versant Sud et contourne l'étroit défilé de *Gondo,* ainsi qu'une galerie de 220 *m.* de long, pourvue de travaux de défense;

8. Le *col de l'Albrun* (2410 *m.*); il gravit le versant Sud de l'*Ofenhorn* et, descendant par la *vallée de Binn,* il aboutit dans la vallée du Rhône à *Fiesch.*

9. Le *col du Gries* (2460 *m.*), qui conduit du Val Formazza à St-Ulrich, dans la vallée du Rhône.

Tous ces passages peuvent être classés en deux groupes : le groupe du *St-Bernard,* comprenant les cinq premiers (depuis le col Ferret jusqu'au col de St-Théodule); ils se réunissent à Ivrée dans la vallée de la Doire (Dora baltea) et le groupe *du Simplon* (*) auquel appartiennent

(*) On ne peut guère diriger une attaque sérieuse contre le Valais que par Domo d'Ossola parce que les cols du premier groupe sont trop difficiles à traverser.

tous les autres et qui se réunissent à Domo d'Ossola.

Quant *aux positions tactiques* dans la vallée même du Rhône, les premières se rencontrent à *Viège*, au *bois de Pfyn* et aux cônes d'alluvion de *Sierre*. *Brigue* quoique située au débouché de la route du Simplon ne se prête pas à la défense.

La ville de *Sion* offre des conditions favorables de résistance, protégée qu'elle est par le Rhône qui traverse la vallée et par les deux collines de *Tourbillon* et de *Valère*, couronnées d'anciens travaux de fortification.

A *Martigny* la vallée fait un coude brusque vers le Nord-Ouest. Jusqu'à St-Maurice elle a une longueur de trois lieues. En amont de *St-Maurice* on trouve les points suivants très avantageux pour la défense :

a) le *Bois noir* sur le cône d'alluvion formé par le ruisseau de St-Barthelemi ;

b) la *Terrasse de Mex*, qui domine le Bois noir.

A *St-Maurice* même :

1. Un contrefort de la montagne portant le *Châtel* et un second contrefort, situé au Nord-Ouest de *Lavey*, sur le sommet duquel se trouve une ancienne forteresse avec murs crénelés.

2. La hauteur de *Verossaz*, défendue par une petite redoute.

Toutes ces fortifications laissent beaucoup à

désirer, surtout celles qui font front du côté du lac Léman.

Dans le défilé de St-Maurice la grande route, de même que le chemin de fer, se bifurque pour suivre les deux côtés de la vallée.

A l'extrémité Nord-Est de la vallée du Rhône la route de la *Fourca* (2436 *m.*) conduit sur la route du St-Gothard.

Les passages suivants vont depuis la vallée du Rhône dans l'intérieur de la Suisse :

a) Le passage *de la Grimsel*, chemin à mulets qui, partant de Obergestelen (sommet du col 2207 *m.*) ou du glacier du Rhône (sommet du col 2182 *m.*), aboutit dans la vallée du Hasli.

b) Le col *de Lötschen* (2695 *m.*) ; il conduit de Gampel dans la vallée de Gasteren ; ce passage, très fréquenté autrefois, est devenu d'un accès difficile.

Le grand massif du Finsteraar barre le passage entre la Grimsel et le col de Lötschen.

c) Le *chemin de la Gemmi* (2323 *m.*) partant de *Louëche* pour aboutir dans la vallée de la Kander.

d) Le *col de Rawyl* (2415 *m.*) ; son point de départ est un peu en amont de *Sion*, (St-Léonard), il mène dans la vallée de la *Simme*.

e) Le *col du Sanetsch ;* il remonte la vallée de la Morge, en aval de Sion, gravit le *Sanetsch* (2234 *m.*) et descend dans la vallée de la *Sarine* à Gessenay; une route part de Gessenay, passe par Reichenstein et Zweisimmen pour aboutir à *Thoune*.

S'éloignant toujours de la vallée du Rhône, on trouve encore la route qui mène aux *Ormonts-dessous*, d'où elle envoie un embranchement par le *col du Pillon* (1552 *m*.) à Gessenay et un autre par *les Mosses* à Château-d'Œx.

Tous les passages qui viennent d'être cités, à l'exception des deux derniers, atteignent le plateau suisse à *Thoune*.

b. *Le Centre.*

La *plaine Bellinzone-Locarno* est le secteur le plus important du centre du frond Sud ; elle sert de point de réunion à toutes les routes qui convergent vers cette partie de notre frontière.

La ville de **Bellinzone**, située à l'extrémité Nord-Est de cette plaine et à l'entrée du grand défilé du St-Gothard, semble être une porte Sud de notre frontière, s'ouvrant sur l'Italie.

Bellinzone possède quelques fortifications, qui malheureusement ne répondent plus aux besoins de notre époque. Une première série de fortifications est située sur la ligne *Giubiasco-Sementina*. En remontant depuis Giubiasco les pentes de la rive gauche de la Marobbia, on rencontre une *batterie*, dont le feu couvre la hauteur qui est devant elle ; plus haut on voit *quatre tours*, que leur position isolée met à l'abri d'un coup de main. Entre Giubiasco et la voie ferrée se trouve une *lunette* ; entre le chemin de fer et le Tessin une *redoute* avec murs crénelés et immédiatement derrière elle, une *flèche*. Entre le Tessin et la Sementina il existe une *redoute* se prolongeant par un *mur crénelé* qui longe l'une des rives de ce ruisseau et descend du Monte Carasso à Sementina ; ce mur ferme la route qui vient de Locarno par la rive droite du Tessin.

On rencontre ensuite en avant et à gauche du *Dragonato* quelques *lunettes* soutenues par les anciennes fortifications des châteaux d'*Unterwalden* et de *Schwyz* sur la rive droite du Dragonato. Elles sont aussi protégées par le château d'*Uri* situé dans la ville de Bellinzone même.

Le second secteur du centre est formé par la barrière que le *Monte Cenere* (553 *m.*), le *Monte Tamaro* et le *Monte Camoghé* opposent à la route qui va de *Milan* au *St-Gothard* et au *Bernardin* ; cette barrière sépare le canton du Tessin en 2 parties, le *Sopra Cenere* et le *Sotto Cenere* ; elle s'appuie à l'Est au *lac de Côme*, à l'Ouest au *lac Majeur* et sépare ainsi l'Italie du Tessin supérieur. D'excellentes positions défensives se trouvent sur le *Cenere* même, mais surtout un peu plus bas sur la traverse de *Taverne*.

Dans la partie inférieure du Tessin s'étend le

territoire de *Lugano* et le lac du même nom, ainsi que le *Mendrisiotto*, relié à Lugano par le pont récent de *Melide ;* autrefois il n'existait d'autre communication entre le Mendrisiotto et le reste du canton que celle par *Ponte Tresa.*

Le fait que ces deux uniques communications avec la route du Cenere seraient très faciles à détruire, rend l'intervalle situé entre le lac de Côme et le lac Majeur une excellente ligne de défense.

Le terrain situé en avant du Mendrisiotto est assez découvert et très productif.

Le centre du front Sud n'est en communications avec ses deux ailes que par des chemins faisant de grands détours ; ce sont :

1. *Pour l'aile droite* :

a) le chemin à mulets de *Novena* (Nufenen) (2441 *m.*) ; il part de la route du St-Gothard à Airolo, remonte le Val Bedretto, se réunit au passage du Gries et aboutit avec lui à St-Ulrich ;

b) les routes du St-Gothard et de la Fourca.

Les communications les plus rapides partent de Locarno et passent, ou par la vallée peu abordable de *Centovalli*, ou par *Canobbio ;* un autre passage est celui de *Giacomo*, partant du Val Bedretto pour aboutir à Domo d'Ossola ; ces trois passages sont sur territoire italien dans la plus grande partie de leur parcours.

2. *Pour l'aile gauche :*

La communication la plus courte sur territoire suisse passe par le Misocco, le *Bernardin* (2065 *m.*) et la vallée du Rheinwald où elle rejoint la route du Splügen, qui fait déjà partie de l'aile gauche.

Les voies suivantes, plus courtes encore, passent par territoire italien; ce sont :

a) le col du *Jorio* (1956 *m.*) qui conduit de Bellinzone par le *Val Marobbio* au lac de Côme ;

b) les cols de la *Forcola* (2217 *m.*), de *Barna* (2580 *m.*) et de *Balniscio* (2358 *m.*) ; ils mènent de la vallée de Misocco dans le Val San Giacomo.

Communications se dirigeant depuis le centre du front Sud dans l'intérieur de la Suisse :

1. La route du *St-Gothard* (2114 *m.*), qui passe par la vallée d'Urseren et la vallée de la Reuss. Cette route présente de certains avantages pour un mouvement offensif venant du Sud, parce qu'elle aboutit *directement* au plateau suisse, traverse les routes qui mettent en communication l'aile droite avec l'aile gauche, les routes de la Fourca et de l'Oberalp et passe ainsi à côté de la défense du Valais et des Grisons.

Sur le versant Sud du St-Gothard la route est facile à défendre; sur le versant Nord elle traverse un tunnel de 65 *m.* de long (le trou d'Uri) après lequel elle franchit le *pont du Diable* qui surplombe la chute de la Reuss d'une hauteur de 30 *m.*

La route de la *Fourca* (2436 *m.*) venant de l'aile droite du front Sud et la route de l'*Oberalp* (2052 *m.*) venant de l'aile gauche, rejoignent dans la vallée d'Urseren la route du St-Gothard. Sur la rive *droite* de la Reuss aboutissent à Silenen le col du *Kreuzli* (2350 *m.*), venant de la vallée du Rhin antérieur; à Altorf le col du *Klausen* (1962 *m.*), venant de la vallée de la Linth, et dans la vallée de la Muotta le passage du *Pragel* (1543 *m.*). La vallée de la Muotta est en communication avec celle de Schächen par le col de *Kinzig* (2076 *m.*) et le col de la *Ruosalp* (2176 *m.*). Sur la rive *gauche* de la Reuss débouchent à Wasen le col du *Sousten* (2262 *m.*) qui vient de la vallée du Hasli et le col du *Joch* (2210 *m.*) qui mène à la vallée d'Engelberg; dans cette dernière vallée arrivent, venant de Melchthal, le col de *Storegg* (1740 *m.*) et le col du *Juchli* (1740 *m.*) Le passage de *Surènes* (2303 *m.*), relie Engelberg avec Erstfeld sur la route du St-Gothard.

2. La route du *Lukmanier* (1917 *m.*); elle se sépare à Biasca de la route du St-Gothard, remonte le Val de Blenio et conduit à Dissentis, dans la vallée du Rhin antérieur. Dans le cas

d'une agression venant du Sud l'occupation de cette route appuierait fortement l'attaque dirigée contre le St-Gothard. A Olivone, le passage *de la Greina* (2360 *m*), se détache de la route du Lukmanier et aboutit à Somwix dans la vallée du Rhin antérieur. Il faut ajouter encore que la route du Bernardin, citée plus haut, possède depuis la vallée du Rheinwald une continuation plus directe, par le sentier du *Valserberg*, que celle par la route du Splügen.

c. *L'aile gauche.*

Devant l'aile gauche du front Sud (en exceptant la partie qui contient la vallée de *S. Giacomo* avec la route du Splügen) se trouve la *Valteline* et devant elle les montagnes *Bergamasques*. Bien que ces montagnes soient traversées par de nombreuses vallées (le *Val Brembana*, le *Val Seriana*, le *Val Camonica*, etc.), on n'y rencontre que deux routes conduisant vers notre frontière :

1. La route de la rive gauche du lac de Côme que rejoignent à *Lecco* les chemins et les voies ferrées venant de Bergame et de Milan et qui aboutit à la route du *Splügen*.

2 La route de *Bergame*, qui remonte le *Val Camonica*, franchit le col d'*Aprica* (1234 *m.*), passe dans la *Valteline*, entre après *Tirano* dans

le district de *Poschiavo* et conduit par la *Bernina* dans l'*Engadine*. Le *Passo di Morbegno* (1828 *m*) et surtout les cols venant du Val de Brembana et du Val Seriana ne sont que des chemins à mulets, mauvais et difficiles.

Depuis la Valteline jusqu'au Stelvio on rencontre les passages suivants :

1. Le *Splügen* (2117 m.); c'est une excellente route, la plus courte qui existe entre Coire et Milan et, après la route et le chemin de fer du Gothard, la communication la plus importante entre la Suisse et l'Italie.

En partant du lac de Côme, elle passe à l'Est des ruines du fort Fuëntes, franchit le canal et la rivière de l'Adda, traverse le défilé du lac Mezzola et entre dans la plaine marécageuse de Chiavenna. Depuis *Colico*, dernière station des bateaux à vapeur sur le lac de Côme, cette route est accompagnée jusqu'à Chiavenna d'une voie ferrée, qui envoie un tronçon à Sondrio, dans la Valteline.

La ville de Chiavenna est située à la sortie du Val Bregaglia et du Val Giacomo. La route du Splügen suit la dernière de ces vallées en montant par de nombreux lacets, très favorables pour la défense, jusqu'à Campo dolcino et Pianazzo ; à cet endroit une arête de montagne, placée en travers de la route, oblige celle-ci à la gravir du côté du Val Liro par une série de galeries.

Depuis cette place jusqu'au sommet du col un déploiement de troupes, restreint il est vrai, serait possible, tandis que sur le col lui-même, le dos étroit de la montagne ne se prête pas à la défense.

Après avoir franchi la montagne, la route descend en zig-zag et traverse deux terrasses qui précèdent son entrée dans la vallée du Rhin. Droit au-dessous de la seconde terrasse se trouve une galerie qui offre un excellent emplacement pour un poste fortifié. — La route passe encore, avant d'atteindre Thusis, le fameux défilé de la Viamala.

La route du Splügen est flanquée à l'Est par la vallée de Bregaglia dont la partie supérieure appartient à la Suisse. La frontière franchit cette vallée à Castasegna (1 $^1/_2$ lieue en amont de Chiavenna) dans sa partie la plus étroite. Promontogno (Bondo) où se voient encore les restes d'anciennes fortifications, serait une très bonne position défensive, et ne peut être tournée que par Soglio Dans le haut du Val Bregaglia se trouve la forte position de la Maloja (1811 *m.*) qui défend l'entrée Ouest de l'Engadine.

En se dirigeant à l'Est on trouve les passages suivants :

1. Le *col de Madesimo* (2280 *m.*) allant de Pianazzo à Ferrera et plusieurs autres petits passa-

ges qui relient la vallée italienne de Lei avec le Rhin d'Avers ;

2. Le *col de Muretto* (2557 *m.*), sentier qui réunit Sondrio avec Maloja;

3. La route de la *Bernina* (2329 *m.*) ; elle part de *Tirano* (*) ou de *Madonna* (**), dans la Valteline supérieure, pour franchir la frontière à *Campo Cologno*, où se trouvent les ruines du château de *Piattamala* (***), et elle arrive à *Brusio* et à Meschino, à l'extrémité Sud du lac de *Poschiavo*.

Entre ces deux localités (Brusio et Meschino) se trouve une très bonne position défensive, mais comme elle peut être tournée dans son flanc gauche, il vaut mieux établir la défense à *Poschiavo* même, qui peut très facilement être mis en état de résistance. Non loin de *Le Prese*, sur la route du lac, on voit les restes d'un ancien mur destiné à fermer le chemin ; il pourrait être aisément rétabli.

La position de *La Motta* est aussi dans de très bonnes conditions défensives, mais il faudrait oc-

(*) Cette petite ville, située sur la rive gauche de l'Adda, a été plusieurs fois le théâtre de luttes sanglantes ; deux ponts la relient à la rive droite sur laquelle se trouvent des propriétés entourées de murs élevés. C'est là qu'en 1620 les Bernois furent battus par les Espagnols.

(**) Un certain nombre de bâtiments entoure l'église de Madonna, qui fut construite en souvenir du massacre de la Valteline. Ces constructions sont protégées par un mur d'enceinte, ce qui en fait une espèce de place forte.

(***) Ce château a appartenu autrefois à la Suisse ; lors d'une rectification de la frontière, l'Italie désira le ravoir en sa possession à cause des souvenirs historiques qui s'y rattachent ; il fut fait droit à sa demande.

cuper le sentier qui passe par *Cavaglia*. Toutefois ces positions ont l'inconvénient grave de pouvoir être tournées, celle de *Poschiavo* par le *Val Viola* et celle de *La Motta* par le *Val de Livigno*.

A l'extrémité de l'aile gauche, on trouve les passages suivants venant du Val de Livigno :

4. Le col de *Lavirum* (2819 *m.*), qui rejoint la route de l'Albula dans l'Engadine ;

5. Le col de *Casana* (2692 *m.*), allant à Scanfs;

6. Un chemin à mulets qui part de Bormio et de Livigno, longe le Spöl et arrive sur la route de l'Ofen, en arrière de Zernetz ;

7. Un chemin reliant le col de *Worms* (2512 *m.*) à la route de l'Ofen dans la vallée de Münster.

La partie des Alpes Grisonnes située entre les vallées de la Meira et de l'Inn d'un côté et une ligne passant par *Hinterrhein, Thusis, Davos* et *Klosters* de l'autre, est mise en communication avec le Val Bregaglia et l'Engadine par les passages suivants (dont il faut excepter la route du Splügen) :

1. Le passage du *Septimer* (2311 *m.*), venant du Val Bregaglia et aboutissant à Bivio, à la route du Julier. Une ramification de ce chemin part du sommet du col et conduit par la *Forcellina* (2673 *m.*) à Avers, d'où elle se dirige vers l'extrémité du Val de Lei, pour rejoindre la route du Splügen à Andeer.

2. *Voies de communication partant de l'Engadine :*

a) La route du *Julier* (2287 *m.*), qui conduit de *Silvaplana* dans la vallée de *Oberhalbstein* ;

b) La route de l'*Albula* (2313 *m.*) ; elle conduit de *Ponte* à *Bergün* dans la vallée de l'Albula et rejoint à Tiefencasten la route du Julier ; c'est la voie la plus courte entre Coire et l'Engadine ;

c) Le col de *Scaletta* (2619 *m.*) ; chemin à mulets qui commence en aval de *Scanfs*, traverse la vallée de *Dischma* et aboutit à *Davos-Dörfli* ;

d) La route de la *Fluëla* (2387 *m.*) ; elle part de *Süs* et conduit à *Dörfli* (Davos) ; elle se dirige de là, d'un côté par le col de *Laret* (1627 *m.*) à *Klosters*, et par le *Prättigau* dans la vallée du Rhin, et de l'autre elle suit le *Landwasser de Davos* et même à *Tiefencasten.*

De la route de la Fluëla se détache le passage de *Fless* (2479 *m.*), d'un accès très difficile, et qui conduit dans la vallée supérieure du Prättigau.

Le territoire situé au Nord de la ligne Hinterrhein-Klosters est relié à la vallée du Rhin antérieur, (que suit la route de l'Oberalp (2052 *m.*) par les communications suivantes :

1. Le passage *du Valserberg* (2507 *m.*), qui conduit de *Hinterrhein* dans le *Petersthal* et le *Lugnetz* (vallée du Glenner) ;

2. Le col de *Savien* (2490 *m.*), allant depuis le Splügen dans la vallée de Savien;

3. La route qui conduit par la rive gauche du Rhin de *Thusis* à *Reichenau ;* à *Thusis* aboutit un nouveau chemin qui vient de *Tiefencasten* en passant par le *Schyntobel* ;

4. La route qui va depuis *Tiefencasten* par la Lenzerheide (1537 *m.*) à Coire;

5. Le col de *la Strela* (2377 *m.*); chemin à mulets qui conduit depuis *Davosplatz* dans la vallée de *Schanfigg* et à *Coire*.

Quoique très nombreuses, les différentes ramifications des deux grandes routes qui conduisent vers notre aile droite, viennent toutes aboutir à la ligne de *Reichenau-Coire-Landquart*.

De même que l'aile droite et le centre, l'aile gauche du front Sud ne possède qu'une seule voie de communication par laquelle de grands corps de troupes puissent pénétrer jusque dans l'intérieur de la Suisse. Cette voie de communication est pour l'aile droite la route de la *vallée du Rhône*, pour le centre la route du *St-Gothard*, pour l'aile gauche la route de la *vallée du Rhin* avec sa continuation le long du *lac de Walen*.

Quelques passages de moindre importance conduisent encore de la vallée du Rhin antérieur dans l'intérieur de la Suisse ; ce sont :

1. Le col du *Kreuzli* (2353 *m.*), déjà men-

tionné, et qui va depuis *Sedrun* dans la vallée de *Maderan ;*

2. Le passage du *Kisten* (2727 *m.*) qui conduit de Brigels à *Lintthal* et *Glaris ;*

3. Le col de *Panix* (2407 *m.*) allant d'*Ilanz* à *Elm* et *Glaris ;*

4. Le col de *Segnés* (2625 *m.*) qui va de *Flims* à *Elm* et *Glaris*, et enfin

5. Le col du *Kunkel* (1351 *m.*), qui va de *Reichenau* à *Ragatz*, et par lequel on peut tourner le passage de la Landquart.

III. *Le front Est.*

La frontière Est se compose de trois lignes distinctes dont la seconde est à angle droit avec la première, et dont la troisième est à angle droit avec la seconde.

Pour cette raison le front militaire est représenté par trois parties qui sont :

1. La ligne qui va du *lac de Constance* au *Fläscherberg* (Luziensteig) ;

2. Celle qui s'étend du *Fläscherberg* au *Mont Gribelle*, et

3. Celle qui, du *Mont Gribelle*, conduit au *Stelvio*.

La plus importante de ces trois lignes est la première, parce qu'une fois forcée, elle amène l'adversaire directement en face du plateau suisse, tandis qu'en franchissant les deux autres lignes, il arrive dans le massif des Alpes, qui est séparé du reste du pays par la coupure du Rhône et du Rhin.

En jetant un coup d'œil sur le terrain qui se trouve au-delà de notre frontière Est, on constate qu'il est occupé par un massif de hautes montagnes pauvres en voies de communication.

La base d'opération autrichienne, dans une attaque éventuelle contre la Suisse, se placerait probablement sur la ligne *Innsbruck-Bozen*, désignée par la route et le chemin de fer du Brenner.

De cette base d'opération se détachent 2 ou 3 lignes conduisant à notre frontière ; ce sont :

1. La route qui va d'*Innsbruck* et de *Landeck* par l'*Arlberg* à *Feldkirch ;* elle est accompagnée par le chemin de fer de l'Arlberg ;

2. La route conduisant de *Landeck* par la vallée de l'*Inn* et *Finstermünz* dans l'*Engadine*, et depuis *Süs* par la *Flüela* et le *Prättigau* dans la vallée du *Rhin ;*

3. La route qui va de *Bozen* par *Glurns* dans la *vallée de Münster*, puis par la route de l'*Ofen* dans l'Engadine (Zernetz).

Avant leur entrée sur territoire suisse, ces deux dernières voies de communication sont reliées entre elles par une route qui longe la frontière (Glurns-Nauders).

La plus importante de ces trois routes est celle qui passe par *Feldkirch ;* c'est la meilleure et la plus courte pour arriver au plateau suisse. Elle a son point défensif du côté autrichien, à Feldkirch même ; position excellente et très difficile à tourner.

L'aile gauche de notre frontière Est, à laquelle aboutit la ligne d'opération qui vient d'être citée, possède une barrière militaire importante; cette barrière est formée par le *Rhin* et trouve des points d'appui à gauche au lac de *Constance* et à droite au *Luziensteig*. La rive gauche, excepté à *Bendern* et à *Koblach,* domine partout la rive droite, ce qui permet à la défense de surveiller tous les mouvements de l'adversaire. Partout où la montagne se rapproche de la rive gauche (comme à Trübbach, Oberbüchel, Blatten, Monstein, St-Margarethen et Rheineck), elle favorise la construction de ponts et le passage de la rivière, tandis que sur le côté autrichien ce passage ne peut s'effectuer qu'à deux endroits seulement, à Koblach et à Bendern, et encore le passage à Bendern ne conduit que sur la route du Wildhaus, facile à défendre pour la Suisse.

Le *Blattenberg*, contrefort du mont Kamor, descendant jusqu'au Rhin, partage l'aile gauche en deux secteurs, très différents l'un de l'autre au point de vue des communications et des opérations militaires. Dans le secteur de droite les massifs du *Säntis*, des *Churfirsten* et, plus au Sud, celui des *Graue Hörner*, forment des barrières presque complètes, car ils ne sont traversés que par le *chemin de fer Sargans-Wesen*, par une route qui longe le lac de Walen jusqu'à *Mühlehorn* et par la route du Wildhaus (1095 *m.*) sur laquelle se trouve la forte position de *Starkenstein*. Le col de *Foo* (2229 *m.*) et le col de *Rieseten* (2188 *m.*) qui conduisent depuis Sargans par le Weisstannenthal dans la vallée de la Sernf, sont des passages de peu d'importance. Les montagnes dans le secteur de gauche sont moins hautes, on y trouve un plus grand nombre de voies de communication ; ce secteur est donc moins favorable à la défense que celui de droite.

Dans le secteur de gauche se trouvent les routes suivantes :

1. Une *charrière* allant de *Oberried* et *Alstetten* par *Eggerstanden* à *Appenzell ;*

2. La chaussée d'*Altstetten* qui conduit par le col du *Stoss* (980 *m.*), par *Gais* et *Teufen* à *St-Gall;*

3. La chaussée d'*Altstetten* qui va par le *Ruppen* (990 *m.*) à *Trogen* et *St-Gall ;*

4. La route de *Rebstein* conduisant par *Oberegg* à *Trogen* ou à *Heiden* et *St-Gall ;*

5. Le chemin de *Au* qui va par *Berneck-Oberegg* à *Trogen* ou au *Rehtobel* et à *St-Gall ;*

6. La chaussée allant de *Rheineck* à *Heiden* et à *Rehtobel ;*

7. La chaussée qui va de *Rheineck* à *Rorschach* et *St-Gall ;*

8. La voie ferrée *Rheineck-Rorschach-St-Gall.*

Toutes ces voies de communication se réunissent à *St-Gall*, mais à l'Ouest de cette ville elles rencontrent le *Tannenberg* et se dispersent de nouveau, les unes se dirigeant à *droite* vers le *lac de Constance* et le long de la Sitter, jusqu'à *Bischoffszell*, les autres à *gauche* vers *Gossau* (position défensive au pont de Kräzern) et de là soit à *Bischoffszell*, soit à *Wyl*, point de réunion des routes venant du côté du Rhin. A Wyl aboutissent aussi les routes du *Wildhaus*, du *Hummelwald* (Ryken 797 *m.*) et le passage qui conduit de *Weesen* par *Amden* et *Nesslau.*

La ligne *Wyl-Bischoffszell* offre une bonne position de repli dans le cas d'une retraite derrière la Limmat.

Dans la partie de la frontière qui va de l'Ouest à l'Est, c'est-à-dire du *Fläscherberg* au *Mont Gribelle*, on trouve une série de communications qui prennent par le flanc la ligne d'approche autrichienne. C'est d'abord la route de *Mayenfeld*, passant par le col fortifié du *Luziensteig* (727 *m.*) et allant à *Balzers*, à *Vaduz* et à *Feldkirch*. La fortification principale du Luziensteig se trouve sur le versant Nord du col ; c'est un *ouvrage bas-*

tionné barrant toute la largeur de la vallée (250 *m.*) et situé entre les pentes abruptes du Falkniss et du Fläscherberg. Il est protégé du côté droit par une tour qui, placée sur une terrasse du Falkniss, garde l'entrée du sentier conduisant à *Guscha*, et du côté gauche par une *batterie casematée*, *sept tours* et un *blockhaus* qui ferment les sentiers conduisant sur le Fläscherberg. Derrière cette première fortification et sur le col même on voit à côté de la route une *redoute quadrangulaire*, flanquée au Nord-Ouest d'un *blockhaus*.

Les autres passages qu'il reste à nommer ne sont guère que des sentiers et des chemins à mulets, mais par lesquels ont passé plus d'une fois déjà de fortes colonnes de troupes. Ce sont :

1. Le col de la *Fourka* (2367*m.*) allant de *Seewis* dans la vallée de *Gamperthone*;

2. Le col de *Cavell* (2290 *m.*) qui conduit de *Seewis* à *Bludenz* ;

3. Le *Schweizerthor* (2160*m.*) et le *Drusenthor* (2350*m.*) qui vont de *Schiersch* dans la vallée de *Montafun* ;

4. Le col de *Gruben* (2235*m.*), le passage de *Plasegg* (2345*m.*) et les cols de *St-Antony* et de *Gargelle* reliant *Küblis* à la vallée de *Montafun ;*

5. Le col de *Schlappina* (2200*m.*) et le col de *Garneira* (2485*m.*) conduisant de *Klostersdörfli* dans la vallée de *Montafun* ;

6. Le passage de *Klosterthal* qui mène de la vallée supérieure du *Prättigau* dans la vallée de *Montafun;*

7. Le col de *Fermont;*

8. Le col du *Futschöl* (2767*m.*);

9. Le col du *Fimber* (2605*m.*);

Les passages de Klosterthal, Fermont et Futschöl traversent des glaciers; les cols de Fermont, Futschöl et Fimber conduisent de l'*Engadine* dans la vallée de *Patznaune.*

10. Le passage de *Salet* et un sentier le long de la rive gauche de l'*Inn*, allant tous deux dans la vallée de *Samnaune*, d'où le *col de Zebles* (2540*m.*) descend dans la vallée de *Patznaune.*

Les voies de communications conduisant à la 3e partie de la frontière Est, c'est-à-dire du Mont Gribelle au Stelvio, sont les suivantes :

1. La route de *Landeck* (déjà citée) qui passe par *Finstermünz* et *Martinsbruck* et va dans l'*Engadine.* Ce défilé très étroit peut être tourné par le col de Salet.

2. La route de *Bozen* conduisant par *Glurns* et *Taufers* dans la vallée de *Münster*, et de Münster par la route de l'Ofen (2148*m.*) à Zernetz dans l'Engadine.

Ces deux routes débouchent sur la base d'opération supposée *Süs-Zernetz* qu'il faudrait fortifier en cas de guerre; les longs défilés que ces routes traversent seraient faciles à défendre du côté suisse comme du côté autrichien. La route de Landeck est protégée du côté autrichien par la ville fortifiée de *Finstermünz* et la route de Bozen par la forte position défensive de *Taufers.*

Depuis Taufers le *col de la Gruschetta* (2316*m.*) conduit à *Schuls* dans l'*Engadine inférieure.*

Les routes allant de l'*Engadine* dans la *vallée du Rhin* ont déjà été citées dans l'exposé du front Sud.

IV. *Le front Nord.*

La Suisse a comme barrière militaire sur sa frontière Nord le *lac de Constance* et le *Rhin*, de *Constance* à *Bâle.* La direction Est-Ouest que suit le Rhin s'interrompt de Schaffhouse à l'embouchure de la Töss, pour faire un brusque détour vers le Sud. Ce coude de la rivière place une moitié de la frontière en échelon derrière l'autre moitié, à la distance d'une journée de marche environ ; par rapport au cours du Rhin, on peut les désigner par le nom de partie supérieure et partie inférieure. Dans la moitié Est de la partie inférieure l'*Aar*, avec ses deux affluents la *Reuss* et la *Limmat*, se jette dans le Rhin ; en face de la moitié Ouest (de cette même partie) s'étend la *Forêt Noire* vis-à-vis de laquelle se trouvent, en aval de Bâle et à une distance de 30-

40 km., les *Vosges*. De *Bâle* à *Porrentruy* le *Jura* forme une espèce de barrière naturelle. On voit d'après cet exposé que le *territoire allemand*, situé près de la frontière, se divise en quatre champs stratégiques :

1. Le *grand* champ stratégique situé devant l'aile *droite* du front Nord et limité par la *Wuttach* et le *Danube;*

2. La *Forêt Noire* avec le *défilé* qui se trouve entre elle et la rive droite du Rhin;

3. Les *deux rives du Rhin en aval de Bâle*, reliées entre elles par plusieurs ponts ;

4 La plaine mouvementée d'*Altkirch* (trouée de Belfort).

Dans le cas éventuel d'une guerre entre la Suisse et l'Allemagne cette dernière puissance aurait à sa disposition deux lignes d'approche principales. L'une, venant du Danube, a sa base d'opération sur la ligne *Stockach-Donaueschingen*; l'autre s'appuie sur *Fribourg en Brisgau* et longe le Rhin. Le massif de la *Forêt-Noire* sépare ces deux lignes d'opération, qui ne peuvent communiquer entre elles que par un très petit nombre de routes. La Forêt-Noire a, du Neckar au Rhin, une longueur de 225 km. environ et sa partie sud, voisine du Rhin, une largeur de 60 km. Les pentes qui descendent vers le Rhin, sont sillonnées par des vallées et des ravins fortement encaissés; le fond de ces vallées, trés étroit se relève brusquement, rendant ainsi l'approche de l'ennemi difficile et le forçant à se déployer, sous le feu de son adversaire. De même que les pentes sud de la Forêt-Noire, celles de l'ouest sont très accidentées ; elles se perdent dans la vallée de la rive droite du Rhin ; cette vallée est large de 5–7 km.

La Forêt-Noire envoie dans la direction Est de longues ramifications qui entourent les sources du *Neckar*, du *Danube* et de la *Wuttach* ; la Wuttach limite du côté Est la partie méridionale de la Forêt-Noire. Près des sources de la Wuttach se trouvent celles de la *Dreisam* ; ce cours d'eau, en traversant le *Höllenthal*, fait une première coupure dans le groupe de la Forêt-Noire.

Dans le massif granitique qu'entourent le Rhin, la Wuttach et la Dreisam, se trouve le Feldberg (1494*m.*) d'où descendent dans la direction Sud quatre ruisseaux qui sont : la *Schlücht*, la *Alb*, la *Wehra* et la *Wiese*.

La vallée de la *Kinzig* forme un *second* fractionnement de la Forêt-Noire. Par cette vallée et venant d'*Offenbourg* passent la route et la voie ferrée (longueur environ 100 km.) conduisant à *Donaueschingen*. Ces voies de communication sont, avec la route par le *Höllenthal* (65 km. de long) et sa bifurcation par *Bonndorf* allant à *Stühlingen* et *Schaffhouse*, les principales routes qui relient les lignes d'opération menant en Suisse des deux côtés de la Forêt-Noire.

Les routes et chemins qui se dirigent au Sud suivent les cours d'eau déjà nommés ; se sont les routes de la vallée de la *Wiese*, de la vallée de la *Wehra*, de la vallée de l'*Alb*, (avec une bifurcation allant de *St-Blaise* par *Höhenschwand* et *Waldkirch* à *Wadshut*), de la vallée de la *Schlücht* et de la vallée de la *Wuttach ;* cette dernière route conduit directement à Donaueschingen et à Stuttgart ; elle est accompagnée d'une voie ferrée à laquelle on travaille en ce moment.

On trouve encore comme communications transversales importantes :

La route conduisant de la vallée du *Rhin* par *Kander* dans la vallée de la *Wiese;*

La route allant de *Lörrach* à *Rheinfelden ;*

La route qui mène de *Schopfheim* dans la vallée de la *Wehra*, et

La route qui relie la vallée de l'*Alb* avec la vallée de la Wuttach (St-Blaise-Bonndorf-Stühlingen).

La route qui passe entre le pied Sud de la Forêt-Noire et le Rhin en traversant les quatre villes forestières de Rheinfelden, Säckingen, Lauffenbourg et Waldshut, a tout à fait le caractère d'un défilé. De Bâle à Donaueschingen elle a 115 km., et de Bâle à Schaffhouse 95 km.

de longueur ; dans ce dernier parcours elle est accompagnée d'une voie ferrée.

Entre la Wuttach, le Danube et le Rhin, se trouve le massif du *Randen* schaffhousois, avec la sommité du *Hochranden* (914 *m.*). Une de ses ramifications accompagne la rive gauche de la Wuttach et s'étend fort loin dans la plaine du Klettgau. Une autre chaîne de ce massif part des environs de Schaffhouse et aboutit au Rhin près de Kaiserstuhl. Le massif principal du Randen se continue dans la direction Nord-Est; il a pour ramifications le *Gailingerberg* et le *Schienenberg;* ce dernier s'élève entre les deux bras du lac inférieur (Untersee).

Ce territoire est traversé par les routes suivantes qui mènent aux différents passages du Rhin :

1. La route qui conduit de *Donaueschingen* par la vallée de la *Wuttach* à *Waldshut*, avec des ramifications à *Stühlingen* pour *Schaffhouse*, à *Eberfingen* et *Eggingen* pour le *Klettgau* et pour *Jestetten-Rheinau ;* enfin à *Lauchringen* pour *Griessen-Eglisau ;*

2. La route allant de *Donaueschingen* par le *Randen* à *Schaffhouse ;*

3. La route qui mène de *Tuttlingen* à *Engen-Thayngen-Schaffhouse;*

4. La route conduisant de *Stockach* et *Singen* à *Stein;* une route se détache à *Singen-Gottma-*

dingen pour aboutir à *Geilingen-Diessenhofen* et *Randegg-Schaffhouse ;*

5. La route qui va de *Stockach* à *Constance ;*

6. Les voies ferrées qui partent du *Rhin badois* (par la vallée de la Kinzig) et de *Stuttgart*, passent par *Donaueschingen* et se réunissent à *Singen* au chemin de fer qui vient de *Ulm* par *Stockach*. A Singen ces voies ferrées se séparent de nouveau, une des lignes se dirigeant sur Schaffhouse, l'autre sur Winterthour.

On voit par ce qui précède que la partie droite du front Nord, même en ne comptant pas le lac de Constance, fait face sur une étendue assez considérable à la ligne d'approche allemande.

En étudiant au point de vue militaire les *quatre territoires suisses*, qui se trouvent sur la rive droite du Rhin, on se rend compte que, si d'un côté ils ont une certaine valeur pour un mouvement offensif, de l'autre leur défense est très difficile, aucun d'eux n'ayant une bonne frontière militaire. Les routes qui traversent ces enclaves suisses sont partout sous le feu des hauteurs allemandes, et même en fortifiant les points de sortie à la frontière, on ne donnerait à ces territoires qu'un appui relatif, car pour qu'ils pussent être sérieusement défendus, il faudrait que les hauteurs badoises, situées vis-à-vis de Bâle et le terrain en avant de Schaffhouse, jusqu'à la Wuttach et à l'Aach, appartinssent à la Suisse.

La partie de la frontière qui s'étend de Bâle à *Pfetterhausen* possède, outre les voies d'accès qui aboutissent aux *Rangiers,* des entrées très faciles par la large vallée de *Leymen* et d'autres, très découvertes aussi, aboutissant directement à *Bâle.* Il est peu probable du reste que l'Allemagne voulut envahir la Suisse par les routes de l'Alsace méridionale, parce qu'elle aurait derrière elle les fortifications de Belfort.

La ligne du lac de Constance et du Rhin.

Le *lac de Constance* ne peut pas être considéré comme une barrière militaire infranchissable puisque l'agresseur a toujours la possibilité d'y placer une flotille.

Le *Rhin*, par contre, constitue un obstacle considérable à cause de sa largeur, de la rapidité de son courant et de la nature de ses rives. Ces rives sont ordinairement très hautes et d'un accès difficile ; le lit du fleuve varie peu. La rive droite domine ordinairement la rive gauche. Entre Stein et Waldshut se trouvent plusieurs endroits favorables pour la construction de ponts de bateaux.

A mesure que le Rhin s'avance dans la direction Ouest, les contreforts du Jura et de la Forêt-Noire, de plus en plus élevés, rétrécissent la vallée et augmentent ainsi les difficultés pour un déploiement de troupes.

Les *points militaires importants* de la ligne du Rhin sont naturellement ceux où se trouvent des ponts sur la rivière. Il faut citer en premier lieu *Bâle*, ville très riche, où se rencontrent un grand nombre de voies de communication. Cette ville, avec le passage détaché de *Rheinfelden*, sur le Rhin, forme le premier objectif de la ligne d'opération allemande s'avançant à l'Ouest de la Forêt-Noire; *Schaffhouse* est l'objectif principal pour l'attaque passant à l'Est de la Forêt-Noire et enfin *Waldshut*, point intermédiaire entre les deux villes précédentes, offre des conditions particulièrement favorables pour le passage d'une rive à l'autre.

La ligne de défense sur la rive gauche du Rhin. (*)

Le *cours inférieur de l'Aar* divise la frontière Nord en deux parties à peu près égales.

Dans le secteur Ouest se trouvent les lignes déjà citées par lesquelles l'assaillant peut avancer depuis Bâle vers l'intérieur de la Suisse : ce sont :

Les routes conduisant de *Bâle* à *Liestal*, et

(*) Le territoire badois de Constance, situé sur la rive gauche du Rhin, n'a aucune importance militaire pour une marche offensive de l'Allemagne contre la Suisse, ni pour une attaque de la Suisse contre l'Allemagne à cause des obstacles tactiques qui se trouvent sur la rive droite.

celles du *Hauenstein supérieur* et du *Hauenstein inférieur ;*

Les routes qui vont de *Bâle* à *Säckingen*, à *Frick* et par la *Stafelegg* à *Aarau*, ou bien par le *Bötzberg* à *Brugg* et les communications parallèles qui conduisent de *Lauffenbourg* et de *Remigen* par *Mandach*, *Leibstadt* et *Leuggern* dans la vallée inférieure de l'Aar ;

La route qui mène de *Bâle* par la *rive gauche du Rhin* à l'*embouchure de l'Aar* ;

Les routes qui vont de *Bâle* par *Zwingen* à *Passwang*, et par *Delémont* à *Moutier*, pourraient être utilisées pour couvrir la marche contre l'Aar inférieure, dans le cas d'une action directe partant de la base d'opération française.

La partie Ouest du front Nord offre pour le mouvement des troupes des facilités qui vont en augmentant à mesure qu'on s'approche de l'Aar inférieure. Mais c'est la partie Est de ce front, qui plus qu'aucune autre en Suisse, réunit les meilleures conditions de toute nature pour le mouvement rapide de grands corps d'armée.

Trois cours d'eau, peu éloignés les uns des autres, traversent le secteur Est :

1. La *Thour ;* elle coule tout près du Rhin et ne peut avoir qu'une importance secondaire, comme, par exemple, de fournir une position d'arrière-garde pour protéger un corps de troupe

battant en retraite et se dirigeant depuis le Rhin sur Zurich.

2. La *Töss*. Le terrain situé entre *Tössriedern* et *Teufen*, celui de *Teufen* à *Winterthour* et enfin la *vallée de la Töss* proprement dite constituent la ligne militaire de la Töss, dont le *col de Hummelwald* est le point le plus important. Cette ligne forme un front de défense continu contre l'Est et contre le Nord. La rive gauche de la Töss est très escarpée ; en arrière de son cours inférieur et s'appuyant à la Kempt se trouve le plateau de Brütten dont les pentes sont moins abruptes du côté sud; sur la rive droite de la Töss est situé l'*Irchel*, endroit peu favorable pour une attaque(*).

3. La *Glatt* qui opposerait à une marche ennemie contre Zurich l'obstacle sérieux de ses rives marécageuses (**).

Une *seconde barrière importante* du front Nord est formée par la ligne de l'*Aar* et de la *Limmat* ; l'aile gauche de cette ligne va jusqu'à *Soleure* ce qui lui donne une étendue considérable ; l'aile droite, par contre, n'occupe que la ligne très courte de *Turgi* à *Zurich* et les passages qui se

(*) Pour que la défense put occuper la position derrière la Töss et y arrêter à son passage une troupe victorieuse ayant déjà franchi le Rhin, il faudrait que cette position fut pourvue de fortifications jusqu'à Turbenthal, c'est-à-dire sur une étendue très considérable.

(**) En supposant que les versants Nord du Zurichberg, du Käferberg et du Altberg fussent fortifiés.

trouvent à Rapperswyl et entre les lacs de Zurich et de Walen sont faciles à défendre.

En étudiant la ligne du Rhin il a été dit que dans le cas d'une agression allemande éventuelle, ses *premiers objectifs* sont *Bâle* et *Schaffhouse;* si l'attaque se portait sur la ligne de l'Aar les premiers objectifs seraient *Olten* et *Zurich*. Il faut aussi se souvenir que les communications les plus faciles venant de Bâle, se dirigent sur *Brugg*, et qu'à Waldshut se rencontrent des conditions de passage très favorables à l'ennemi et qui le mèneraient directement sur la route de Brugg. Cette ville a donc une importance majeure, non seulement dans le cas d'une agression française, mais aussi et tout autant dans celui d'une guerre avec l'Allemagne.

Et si ces deux barrières militaires, la ligne du Rhin et la ligne de l'Aar, devaient l'une après l'autre être abandonnées, il resterait à l'armée suisse, comme il a été dit à l'occasion du front Ouest, la possibilité de se retrancher dans la haute montagne, qui est toujours là, et d'où elle pourrait encore, après en avoir fortifié les entrées, arrêter la marche de l'ennemi.

I. *ROUTES PARALLÈLES*

Bremontcourt 10
8 Soubey 13 St-Ursanne $5_{,5}$ les Malettes
$11_{,5}$ les Bois 12 Seignelégier 5 Montfaucon
St-Brais 12
15
8 Verrières 23 Chaux-du-Milieu 8 Locle 8 La Chaux-de-Fonds
10 19 La Sagne 7
8 Glovelier 12 Delémont 41 Bâle 7 Haltingen
10 Loerrach
Fort de Joux Fleurier 9 Travers
15 St-Imier 14 Sonceboz 4 Tavannes 11 Moutier 25 Balsthal 4
15 Ste-Croix $12_{,5}$ 13 Rochefort
10 Neuchâtel 20 Bienne 24
Oensingen 15
Les Rousses 16 le Brassus 13 le Pont 20 Orbe $11_{,5}$ Yverdon 37 Soleure 17
Olten 13 Aarau 18 Brugg 13 Leuggern
Annecy
Fort de l'Ecluse Genève 23 Nyon 19 Aubonne 18 Cossonay 13
11 Rolle 25 Lausanne 23 Moudon 21 Payerne 18 Morat 18 Aarberg 28
25
20 Kirchberg 15 Herzogenbuchsee
24 Kreuzstrasse 15 Suhr 8 Lenzbourg 15 Baden 15 Kaiserstuhl 11 Rafz 13 Schaffhouse
Vevey 34 Bulle 26 Fribourg 30 Berne 21 Berthoud 23 Langenthal 16 Zofingue
15 Lützelflüh 21 Huttwyl 21 Sursee 8 Münster
9 Worb
20 26 Constance
Langnau 38 Wolhusen 22 Lucerne 25 Zoug $26_{,5}$ (Albis) Zurich 26 Winterthour 17 Frauenfeld 17 Weinfelden 24 Romanshorn
Thoune 33 20 Wædensweil
Aigle 34 Château-d'Œx 12 Gessenay 43 Wimmis 20 Unterseen 16 Brienz 15 Lungern 15 Sarnen 22
10 Rapperswyl 19 Riken 8 $11_{,5}$ Rorschach
25 Altorf 18 Schwyz 26 Schindelleggi 23 Utznach 8 Lichtensteig 24 Hérisau 9 St-Gall 15 Heiden 6 Rheineck 3 Margarethen 12 Bregenz
Martigny 27 Sion 54 Brigue $50_{,5}$ Col de la Fourca 24 Andermatt Stæfa 25 Bauma $6_{,5}$ Hülftegg 10
$10_{,5}$ Col de l'Oberalp 18 Dissentis 53 Reichenau 10 Coire 14 Zollbrücke 13 Sargans 21 Haag 21 Altstætten 13
23 Luziensteig 26 Feldkirch
Camoldio 14 Locarno 19 Bellinzone 31 Misocco 33 Hinterrhein 10 Splügen 25 Thusis 15
12 Tiefencasten 34 Davos
Chiavenna 9 Castasegna 24 Silvaplana 12 Samaden 7 Ponte 20 Zernetz $6_{,5}$ Süs 20 Schuls 17 Martinsbrück Landeck

II. *ROUTES TRANSVERSALES*

Le Brassus 28 Nyon
25 Rolle
32 Morges

Le Pont 12 L'Isle 10
8 Cossonay 15 Lausanne 19 Vevey $21_{,5}$ Aigle 14 St-Maurice 14 Martigny
10 Echallens

Ste-Croix $17_{,5}$ Yverdon 20 Moudon
$34_{,5}$ Romont
27 Payerne 20 Fribourg 16 Schwarzenbourg 40 Wimmis
$30_{,5}$

Les Verrières 41
La Chaux-du-Milieu 21 Neuchâtel $26_{,5}$ Morat 12
La Chaux-de-Fonds 22 22 Chiètre 10
St-Imier 26 7 Gümmenen 17 Thoune
$30_{,5}$ Aarberg 20 Berne 25
Saignelégier 21 Tavannes $3_{,5}$ Sonceboz 15 Bienne 12
Glovelier 20
Büren 24

Delémont $12_{,5}$ Moutier
Soleure 23 Berthoud $21_{,5}$ Langnau
Wiedlisbach 29

Zwingen Balsthal
17 Liestal 26
26 Olten 30 Willisau 31
$30_{,5}$ Sursee 21 Lucerne
$15_{,5}$ Aarau 26
28 Münster 21
Pfirt 25
Altkirch 29 Bâle $36_{,5}$ Frick 13 Lenzbourg
Mulhouse 33 19 Bremgarten 20 Zoug
$11_{,5}$ Brugg 21 Wædensweil 15 Lachen 22 Mollis 12
11 Baden 23 Zurich 21 Weesen
20 Stæfa 23 Uznach 13
21 Uster 11 Hinwyl
$38_{,5}$ Laufenbourg

Mollis 12 Mühlehorn 10 Wallenstadt 14 Sargans
24 Bauma 22 Uznach
Coblence 14 Kaiserstuhl 27 Winterthour 25 Ebnat 27 Haag
28 Wyl $29_{,5}$ St-Gall 23 Altstætten
Schaffhouse 26 Frauenfeld 17
18 Stein 25 Constance 20 Romanshorn 13 Rorschach $9_{,5}$ Rheineck
Zollbrücke 36 Klosters 10 Davos 14 col de la Flüela 13 Süs
Coire 10 Churwalden 18 Tiefencasten (col de l'Albula) $40_{,5}$ Ponte
(col du Julier) 42 Silvaplana
Dissentis $20_{,5}$ col du Lukmanier $18_{,5}$ Olivone $23_{,5}$ Biasca 21 Bellinzone
Andermatt $15_{,5}$ col du St-Gothard 29 Faido 20

III. *ROUTES PERPENDICULAIRES*

Genève Thonon
Belleville
Gex
Nyon $14_{,5}$ St-Cergues Les Rousses
Orbe 18 Jougne
Ste-Croix 20 Pontarlier
Les Verrières 13
La Chaux-du-Milieu 12 Morteau
Le Locle 14
Seignelégier 8 Goumois

			16 Damvant (frontière)		Beaumes-les-Dames
	St-Ursanne 13		12 Fahy	»	Monthéliard
Glovelier 8		Porrentruy	13 Boncourt	»	Delle-Belfort
Delémont 14	Les Malettes 12		13 Bonfol	»	Pfetterhausen-Altkirch
			10 Miécourt	»	Pfirt

Zurich 25 Kaiserstuhl
$24_{,5}$ Eglisau 12 Griesen

	14 Schaffhouse	18 Trasadingen (frontière)		Waldshut
		18 Schleitheim	»	Fribourg en Brisgau
Winterthour 13 Andelfingen		14 Bargen	»	Donaueschingen
		11 Thayngen	»	Engen-Tuttlingen
		11 Dœrflingen	»	Singen-Stockach
	$13_{,5}$ Diessenhofen			
	19 Stein			

Haag 11 Feldkirch
Altstætten $14_{,5}$
Zernetz Münster Glurns
Samaden 40 Poschiavo 14 Campo Cologno (frontière) Tirano
Splügen 40 Chiavenna
Bellinzone 22 Taverne 9 Lugano 25 Chiasso (frontière) Côme
14 Ponte Tresa Varese
Brigue $38_{,5}$ Simplon 27 Domo d'Ossola
St-Maurice 27 St-Gingolph

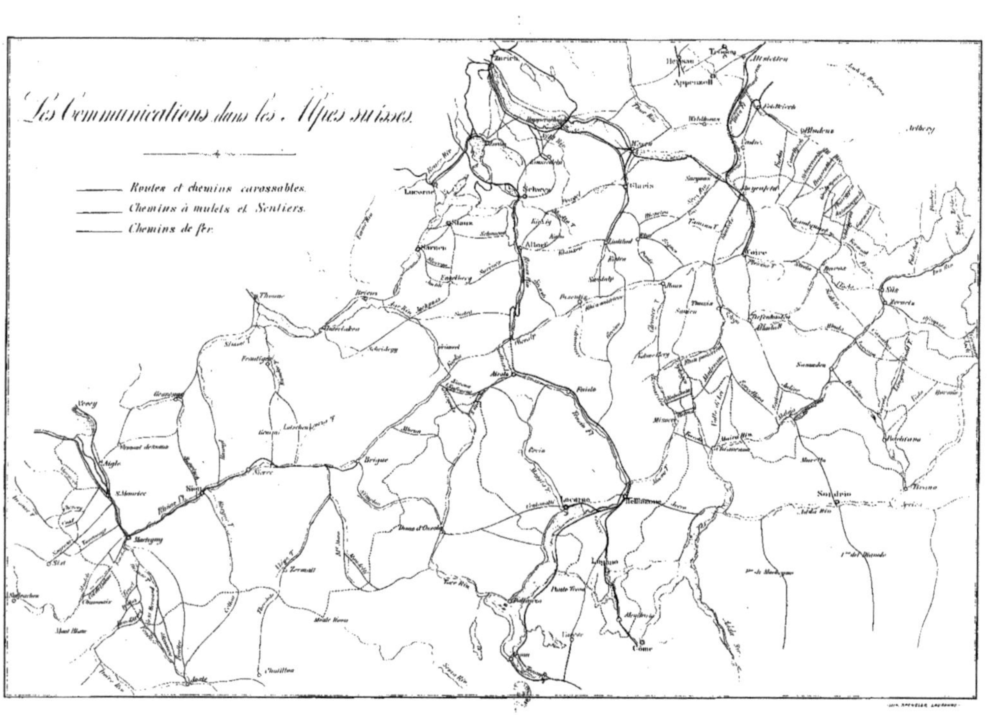
Les Communications dans les Alpes suisses.
Routes et chemins carossables.
Chemins à mulets et Sentiers.
Chemins de fer.
Zurich
Appenzell
Lucerne
Schwyz
Glaris
Stans
Sarnen
Altorf
Coire
Thoune
Engelberg
Airolo
Vevey
Aigle
S.t Maurice
Martigny
Sion
Sierre
Brigue
Zermatt
Locarno
Bellinzone
Lugano
Côme
Sondrio
Tirano
Mont Blanc
Chamonix
Aoste
Chatillon
Domo d'Ossola
Sils

B. BENDA, Libraire-éditeur,
LAUSANNE

OUVRAGES
DE
FERDINAND LECOMTE
Colonel fédéral suisse.

Quelques-uns des ouvrages de M. le colonel fédéral Lecomte étant épuisés, nous avons pu en compléter par le rachat de volumes isolés et donnons ci-après la liste complète des ouvrages en vente à notre librairie :

Relation historique et critique de la campagne d'Italie en 1859. 2e édition. 1860. 2 vol. in-8o, avec un atlas in-4o. 15 fr.

L'Italie en 1860. Esquisse des événements militaires et politiques. 1861. 1 vol. grand in-8o, avec planches. 8 fr.

Guerre des Etats-Unis d'Amérique. Rapport au Département militaire suisse. 1863. 1 vol. gr. in-8o, avec cartes [illegible]

Campagnes de Virginie et de Maryland en 1862. Documents officiels soumis au congrès ; traduits de l'anglais avec introduction et annotations. 1863. 1 vol. in-8o, avec cartes. 5 fr.

Guerre de la Sécession. Esquisse des événements militaires et politiques des Etats-Unis de 1861 à 1865. 3 vol. [illegible] avec cartes et plans. 15 [illegible]

Guerre du Danemark en 1864. Esquisse politique et militaire. 1864. 1 vol. grand in-8o avec cartes. 12 fr.

Guerre de la Prusse et de l'Italie contre l'Autriche et la Confédération germanique en 1866. Relation historique et critique. 1868. 2 vol. gr. in-8, avec cartes. 20 fr.

Le général Jomini, sa vie et ses écrits. Esquisse biographique et stratégique. 2e édition. 1869. 1 vol. in-8o, avec atlas. 12 fr.

Le même ouvrage, sans l'atlas. 7 50

Etudes d'histoire militaire. Antiquité et Moyen-Age. Temps moderne jusqu'à la fin du règne de Louis XIV. 2e édition, avec avant-propos sur la guerre de 1870. 1869-1870. 2 vol. in-8o 10 fr.

Relation historique et critique de la guerre franco-allemande en 1870-1871. 4 vol. gr. in-8o, avec cartes, vol. I, III et IV. 30 fr.

Vol. II manque et est racheté **comptant** à notre librairie.

Guerre d'Orient 1876-1877. Tome Ier. 1 vol. in-8, avec [illegible] cartes. 6 [illegible]

Tome II. 2 vol. [illegible]

www.ingramcontent.com/pod-product-compliance
Ingram Content Group UK Ltd.
Pitfield, Milton Keynes, MK11 3LW, UK
UKHW022030170726
13837UKWH00002B/508

9 782019 957346